Hanspeter Wolfsberger
Endlich wieder Brösel!

www.fontis-verlag.com

Hanspeter Wolfsberger

Endlich wieder Brösel!

Geschichten,
die der Seele gut tun

ʃontis

Bibliografische Information der Deutschen Nationalbibliothek
Die Deutsche Nationalbibliothek verzeichnet diese Publikation in der
Deutschen Nationalbibliografie; detaillierte bibliografische Daten sind
im Internet über www.dnb.de abrufbar.

Hanspeter Wolfsbergers Buch «Brösel» war 2003 erstmals im Verlag der
Liebenzeller Mission (VLM) erschienen, der zweite Band «Neue Brösel» 2007
bei VLM & Brunnen Verlag Gießen/Basel.

Die Bibelstellen wurden, soweit nicht anders angegeben,
folgender Übersetzung entnommen:

Lutherbibel 1912 und 1984

© 2019 by Fontis-Verlag, Basel

Umschlag: Spoon Design, Olaf Johannson, Langgöns
Fotos Umschlag: © by Hanspeter Wolfsberger
Objekte auf dem Umschlag: Softulka/Shutterstock.com
Satz: InnoSet AG, Justin Messmer, Basel
Druck: Finidr
Gedruckt in der Tschechischen Republik

ISBN 978-3-03848-179-9

Inhalt

**Das Beste aus meiner ersten
«Brösel»-Sammlung**   13

Vorwort zur ersten «Brösel»-Sammlung   15

1 | So möchte ich mal werden   17

2 | Schleuderbewegungen   18

3 | Angst   19

4 | «Wo Gott dich hinsät ...»   20

5 | Auch Gnade hat erzieherische Wirkung . . .   22

6 | «Seine Interessen liegen außerhalb ...»   23

7 | Der neue Rock   25

8 | «Und der Herr sprach»   27

9 | Zwangstaufe   28

10 | Kleider machen Leute   29

11 | Grußwort mit Turnhose   30

12 | Glocken   31

13 | Kirchenkonzert   32

14 | Mesnergeschichten   34

15 | Vertretung   35

16 | Pfarrhaus-Idylle   36

17 | Vergessene Gottesdienste   38

18	«Welch ein Freund ist unser Jesus»	39
19	Der rettende Heide	40
20	Voll eins auf die Ohren	42
21	Die bekleckerte Braut	43
22	Das Elend mit der Pünktlichkeit	44
23	Pünktlichkeit 2	46
24	Pünktlichkeit 3	47
25	Führungen	48
26	Der «neue Kurs» in Liebenzell	49
27	«Nww»-Gefühle	51
28	«Vergebung schenkt Kraft»	52
29	Die große Gabe	53
30	Das himmlische Leitungsideal	55
31	Das Elend mit der Macht	58
32	Unkraut wächst schneller als Eichen	59
33	Erziehungsmethoden	60
34	Vergeben	61
35	«Papa, krieg ich einen Hund?»	62
36	Das Positive verstärken	63
37	Hundewechsel	64
38	Der Spritzhund	65
39	Das hat er nicht vom Papa!	66
40	«Umsonscht 'predigt»	67
41	Schwere Ladung	68
42	Der stramme Nachbar	69

43 | Liebenzeller Schwestern	. . . .	70
44 | Die Tracht	. . . .	70
45 | Das innere Gewicht der Dinge	. . . .	71
46 | «Hanns, des muasch ao mache!»	. . . .	73
47 | Das tiefe Wort	. . . .	74
48 | Versprecher	. . . .	75
49 | Zahlen zählen	. . . .	76
50 | Der 27. September 1995	. . . .	77
51 | Bärbel und Witze	. . . .	79
52 | «Alte, komm!»	. . . .	80
53 | Mission und Gemeindeaufbau	. . . .	81
54 | Kirche – Was es nicht alles gibt	. . . .	82
55 | Kirchengesicht	. . . .	84
56 | Mein Bischof	. . . .	85
57 | Dankbarkeit	. . . .	87
58 | Dahinter	. . . .	89
59 | Die Heilung des Blinden	. . . .	90
60 | Aufbruchsfähig	. . . .	92
61 | Was bleibt	. . . .	93
62 | Weitergehen	. . . .	94
63 | Ich hab's nicht zu bereuen	. . . .	95

**Das Beste aus meiner
zweiten «Brösel»-Sammlung** 99

Vorwort zur zweiten «Brösel»-Sammlung .. 101

64 | Da kommt es her 103

65 | Lebertran 104

66 | Meine erste Liebe 105

67 | Stimmwechsel 106

68 | Eine andere Welt 107

69 | Bundeswehr 109

70 | Voll 112

71 | Geld gespart 115

72 | Noch mehr Geld gespart 117

73 | Diplomatisch bauchgelandet 120

74 | Das Arroganzkästchen 120

75 | Verkaufsgespräch 121

76 | Autofahrer-Songs 123

77 | Auf Gott hören 124

78 | Woher – Wohin 125

79 | Der geistliche Hintergrund des Kampfes
um Bibeltreue 126

80 | Eine große, segnende Kraft, die Gott heißt . 128

81 | Im Unverständlichen weiterlesen 129

82 | Macht 130

83 | Sensation 133

84 | Nachtalarm 133

85 | Manchmal ist der Wurm drin 135

86 | Die kleinen Dinge des Lebens 135

87 | Vom Wert des heutigen Tages	136
88 | «Doch!»	138
89 | Blühende Fantasie	140
90 | Geradlinig	141
91 | Identität	142
92 | Das ist gewisslich wahr	146
93 | Helfen statt trösten	148
94 | Abgebremst	149
95 | «Es war nicht mein Tag …»	150
96 | Ordnung	152
97 | Meine Gläser – deine Gläser	153
98 | Verdorbene Fantasie	155
99 | Elende Abnehmerei, elende	156
100 | Startschuss	157
101 | Alles im Griff – wenn es gut läuft	158
102 | Bewahrung	161
103 | Erste Missionsreise	162
104 | Das können nur Frauen	164
105 | Noch mehr Versprecher	166
106 | Was trägt	168
107 | Erziehung	169
108 | Unkonventionell	172
109 | Da wird noch was draus!	173
110 | Familien-Schmus	174
111 | Lob	175

112	Anziehend	176
113	Maniriert	178
114	Nicht zum Lachen	179
115	Prominenz	180
116	Das Kreuz	182
117	Blickfang	183
118	Ob man Predigen lernen kann?	185
119	Zum Auftreten eines Predigers	186
120	Der Prediger, das arme Würstchen	187
121	Eine wirkungsvolle homiletische Regel	189
122	Vom Predigen	190
123	Und kommt nicht dran	191
124	Geschichten und Sprüche	193
125	Gedichte	195
126	«Standard?»	196
127	Verkehrs-Hütle	198
128	Igitt!	199
129	Der Hanuta-Fresser	200
130	Die Tücke des Objekts	201
131	O weh!	205
132	Wort mit Leben darin	206
133	Nafets	209
134	«Schön»	210
135	Raum	211
136	Was gibt mir eine Kirche noch?	215

137 | Verpeilt 216
138 | Schlüsselwort 217
139 | Rache 218
140 | Sprachschatz 219
141 | Umgang färbt ab 219
142 | Steckenbleiben 220
143 | Weihnachten 222
144 | Bescherung 223
145 | Kirchenjahrskenntnisse 223
146 | Bibelkenntnis 224
147 | Der Tonfall 225
148 | Der Handel 226
149 | Spätes Geständnis 227
150 | Angekommen 227
151 | Sime 228
152 | Eisbrecher 229
153 | Das schale Geschenk 231
154 | Ein gewichtiges Wort 232
155 | Nichts bleibt so wie Liebe 232

**Meine neueste
«Brösel»-Sammlung** 235

Vorwort zu den neuesten «Bröseln» 237

156 | Als er hinaufschaute ... 239

157 | Anhalten und gute Fragen zulassen 241

158 | Die Hände in die Strömung halten 243

159 | Ein Baum kennt seine Jahreszeiten –
ein Mensch auch? 246

160 | Die Fragen leben 248

161 | Gefährliches Haus 250

162 | Gehalten, wenn es aufs Ganze geht 252

163 | Gute Fragen stellen 255

164 | Klar 257

165 | Noch wäre Zeit ... 260

166 | Solche Augen 263

167 | Tiefe Wurzeln 265

168 | Reden halten 268

169 | Warum ich noch in eine Kirche gehe 270

170 | Was da ist, wenn die Stunde kommt 273

171 | Was ist mir wichtig – mit 70? 275

172 | Was ist wirklich wichtig im Leben? 278

173 | Wege finden 280

Nachtrag: Das Lied 285

Das Beste
aus meiner ersten
«Brösel»-Sammlung

Vorwort zur ersten «Brösel»-Sammlung

«Brösel» ist vielleicht kein sehr geglückter Titel für ein Buch. Es sollte ursprünglich auch anders heißen. Damals, als es noch ein schlichter Gruß zum Abschied werden sollte. Für Freunde am Ende eines Lebensabschnitts. Für Bekannte und Weggefährten, etwas Leichtes, mit dem man abends schmunzelnd einschlafen kann. Dann sind es noch ein paar Seiten mehr geworden. Und was ist es nun? Der Familienrat hat schließlich entschieden: «Brösel»!

Brösel, hochdeutscher gesagt: «Brosamen», können etwas sehr Gutes sein. Der genussvolle Schluss eines guten Essens etwa, von dem man gerne noch mehr haben möchte. Oder ein Appetitmacher, der ankündigt: Das Beste kommt noch. Denken Sie nur an ofenfrisches Brot. Das Aroma, das in «meinen» Bröseln steckt, soll erinnern an den Gott, der dem Leben freundlich ist. Der das Nichtkönnen seiner Kinder souverän vollendet, der in unserem Fall immer, immer gut zu uns war. Genau davon sind die vorliegenden «Brösel» sowohl Nachgeschmack als auch Vorgeschmack.

Hanspeter Wolfsberger, 2003

So möchte ich mal werden | 1

Gott war immer gut zu mir. Er hat mich auch im Gemeindepfarramt oft mehr «sehen» lassen, als es anderen beschieden war. Wahrscheinlich habe ich es nötig, vielleicht bin ich nicht so tapfer und durchhaltend wie manche meiner Prediger- und Pfarrerbrüder.

Ein älterer Kollege hat viel und treu gearbeitet. Sein ganzes Leben lang. Aber er hat nie irgendwo einen richtigen Aufbruch erlebt. Auch in seiner jetzigen Gemeinde nicht. «Man» ging dort einfach nicht zur Kirche. Das sagten ihm die Leute auch.

Einmal durfte ich bei ihm predigen. Vor Beginn des Gottesdienstes spähte er durch den Türspalt der Sakristei und zählte die Gottesdienstbesucher. «Wieder nur fünf», sagte er dann leise. Fünf wie immer. Fünf wie schon seit Jahren. Dann beteten wir. Kniend am Stuhl in der Sakristei.

Er erzählte mir, dass er das jeden Tag mache. Kniend an diesem Stuhl bete er die Straßen und Häuser seiner Gemeinde durch. Jede Woche. Und am Sonntagmorgen sei er dann neu gespannt: «Wie viele sind es heute?»

Seither bete ich so: «Lieber Herr, lass mich auch so werden. So treu. So wartend. Solch ein betender und liebender Pfarrer.»

2 | Schleuderbewegungen

Es waren vor allem die Schleuderbewegungen im Leben, die mich ein Stück weitergebracht haben: das Entschuldigenmüssen, das Warten, eine Zurücksetzung, ein «Hinuntergenehmigtwerden», ein Scheitern vor Gott und der Welt, das Gefühl von Ohnmacht ...

Natürlich liebe ich die sonnigen Zeiten tausendmal mehr. Man sagt zwar: «In einem dunklen Schacht sieht man am helllichten Tag die Sterne.» Aber in mir sagt's auch:

«Es ist gepfiffen auf den Schacht!» Kein einziges Scheitern sehne ich herbei, es sei pädagogisch oder geistlich noch so sinnvoll.

Und doch ist es wahr:

Es ist mitunter, als verfeinere eine Zeit des Misslingens die Geschmacksnerven für das Aroma des Reiches Gottes. Eigenschaften wie Barmherzigkeit, Geduld, Vergebungswille u. a. gedeihen dann stärker. Das Gefühl eigener Hilfsbedürftigkeit wird offensichtlicher. Und die heilende Gnade Gottes, sein Nahekommen (etymologisch: ge-nahen) wird vorrangig. Und mit ihr die Sehnsucht, sich mit Gott zu einigen.

Angst | 3

Ab dem 10. Lebensjahr lernte ich Versagensängste kennen. Die Schulzeit war mir dadurch weitgehend verdorben. Wie kam es dazu?

Gerade war mein Vater verstorben. Die Mutter musste ab jetzt in der Fabrik arbeiten. Und ich wechselte aufs Gymnasium. Meine Kinderseele war ziemlich durcheinander.

Da bekam ich in Französisch einen Lehrer, der außergewöhnlich lautstark schreien konnte. Wenn er loslegte, schwiegen die Vögel unter dem Himmel. Und in mir versagten die inneren Systeme.

Dann jener schwarze Tag:

An der Tafel soll ich das französische Wort «qui» (= wer) anschreiben. Ich schreibe «Qui». Also mit großem «Q». Der Lehrer fordert, ich solle das Wort kleinschreiben.

Und da ist vor Angst auf einmal das kleine «q» in mir verschwunden. So schreibe ich das große «Q» ein wenig kleiner. Die Klasse lacht, der Lehrer schreit ... Er droht, mich so lange nicht hinsitzen zu lassen, bis ich «qui» mit kleinem «q» geschrieben habe ... Es ist furchtbar.

Diese Szene träumte ich bis zu meinem zweiten Staatsexamen immer wieder durch. Schweißgebadet manchmal. Meine Seele kämpfte mit dem Urteil, das jener unvorsichtige Lehrer damals in sie hineingelegt hatte: «Du kannst nichts, du bist nichts, du schaffst es nicht.»

Gegen diese Negativ-Bestimmung hatte ich auch später immer wieder anzukämpfen. Gleichzeitig habe ich seit damals ein tiefes Mitfühlen in mir, ein Gespür geradezu, für jene, denen es in dieser Welt ähnlich geht. Und so haben, glaube ich, dann später doch manche Leute etwas davon gehabt, dass ich einmal das kleine «q» nicht schreiben konnte …

4 | «Wo Gott dich hinsät …»

Mit kaum 18 Jahren kam ich zur Bundeswehr. Für 90 DM Wehrsold im Monat. Das war, so empfand ich das, eine Steigerung meiner Einkünfte um gut 9000 Prozent.

Ich kam also zu der Grundausbildung nach Stetten a. k. M., zusammen mit 180 Rekruten. Wir wurden alphabetisch gesetzt. Darum saß ich weit hinten. Dann wurde jeder Einzelne nach seinem Berufswunsch gefragt. Ich hatte für mich noch keine Vorstellung. Mindestens 100 Leute vor mir sagten: «Maschinenbau». Als ich an die Reihe kam, sagte ich auch: «Maschinenbau», obwohl ich keine Ahnung hatte, was das eigentlich war.

Aufgrund dieses einen Wortes wurde ich jedoch nach der Grundausbildung nach Nürnberg versetzt. Zu einem Praktikum in der Lehrwerkstatt der Firma Siemens. Dort lernte ich dann zu bohren, zu fräsen und sinnlos irgendwelche Eisenteile von Hand in Grund und Boden zu feilen.

Manche meiner Kollegen waren ja ganz glücklich dabei. Aber mir kroch das Grauen in alle Poren: «Was mache ich hier eigentlich? Ich bin ein Kind von Reben und Sonne! Ich liebe die Weite, den Himmel und die Menschen. Hier hause ich in dunklen Backsteinhäusern, arbeite in einer schwarzen Gießerei, gehe täglich über einen dreckigen Fabrikhof. Was soll das? Ich gehe noch ein, wenn ich hier bleiben muss.»

Dann jene Vesperpause:

Ich gehe mit meinem Brot durch das Fabrikgelände. Plötzlich entdecke ich einen kleinen Baum. Um ihn herum ein winziges Rasenplätzchen. Gras erinnert an Heimat. Ich lasse mich darauf nieder. Auf einmal sehe ich es: neben mir ein kleines, strahlendes Gänseblümchen.

Da kommt es mir:

«Wenn dieses Gänseblümchen hier wachsen und blühen kann, hier in dieser Stadt, hier in diesem Fabrikhof,

dann kannst du das auch! Wo Gott dich hinsät, da
kannst du blühen.»

Es war ein Schlüsselerlebnis, wichtig für mein ganzes
folgendes Leben.

5 | Auch Gnade hat erzieherische Wirkung

Freunde hatten mir sehr dazu geraten: «Mach's doch! Es
ist nichts Unwahres daran. Es ist nur nicht ganz offen.»
Ich konnte mir als Jung-Student durch eine vorgezogene
Prüfung einen Vorteil verschaffen. Ich tat es.

Kurz danach holte mich mein alter Lehrer in sein Zimmer. In seiner Gegenwart schmolzen meine Argumente
dahin. Er vergröberte nichts.

Er verurteilte auch nicht. Er zeigte mir nur seinen
Schmerz. Er hatte etwas anderes von mir erwartet. Jetzt
wusste ich nichts mehr zu sagen. An seiner Lauterkeit erkannte ich erst richtig mein Unrecht.

In mein betroffenes Schweigen hinein ging er zum Bü-
cherschrank. Er holte ein griechisches Neues Testament.
Eine Studienausgabe. Und schenkte sie mir. Solch ein
teures Buch hätte ich mir nicht leisten können. Ich habe
und nütze dieses Buch heute noch.

Es ist wie ein Vermächtnis: Auch Gnade hat eine erzieherische Wirkung.

«Seine Interessen liegen außerhalb ...» | 6

Bundeswehr: Als Leistungssportler wurde ich während des Wehrdienstes acht Wochen lang freigestellt zur Vorbereitung auf einen soldatischen Wettkampf gegen eine französische Elite-Einheit: Eilmarsch, Klettern, Schießen usw.

Der große Tag kam: Start zum 15-Kilometer-Eilmarsch mit Gepäck. Bereits hinter der ersten Kurve war von den französischen Kollegen nichts mehr zu sehen. Sie hatten es nicht eilig. Der Wettkampf war für sie nur die unangenehme Zeit zwischen den Mahlzeiten. Eine Farce. Wir waren frustriert.

Am Abend dann noch dies:

Unser Kompaniechef, ein Mann von geringer Bildung und großer Einbildung, wollte im Fernsehen die Olympiaergebnisse vom Tage anschauen.

Wohlgemerkt: Wir waren im Biwak (Zeltlager), ca. 10 Kilometer außerhalb der Kaserne. Und es war abends nach 22 Uhr. Aber macht ja nix: In sektfröhlicher Laune befahl er meinem Kollegen und mir: «Legen Sie eine Kabelleitung von der Kaserne bis ins Biwak. In zwei Stunden möchte ich hier fernsehen!»

Technisch gesehen kann man das als eine Herausforderung ansehen. Nüchtern besehen war das eine Sauerei. Wir wären die ganze Nacht damit beschäftigt gewesen, im dunklen Gelände Kabelrollen auszulegen, einen Fernsehapparat zu organisieren, usw.

So fuhren wir befehlsgemäß zurück in die Kaserne, grüßten von dort noch mal fröhlich gen Biwak, legten uns ins Bett und schliefen. Hoffend, dass der Kompaniechef in seinem Rausch nichts davon bemerken würde.

Am nächsten Morgen gegen 10 Uhr wachten wir auf. Der UvD (Unteroffizier vom Dienst) hatte vergessen, uns zu wecken. Wir bestellten einen Unimog mit Fahrer und fuhren zurück zu unserer Einheit. Sicherheitshalber legten wir beide uns flach auf die offene Pritsche des Unimogs, um nicht gleich gesehen zu werden. Bei der Einfahrt ins Biwak erwartete uns jedoch ein Bild des Horrors.

Die ganze Kompanie war angetreten: 120 Kollegen und alle Offiziere. Man suchte uns.

Der Unimogfahrer, dieser Quartalsdepp, hielt sein Gefährt genau vor der Front, statt hinter sie zu fahren. Als wir vorsichtig unsere Köpfe hoben, empfing uns brüllendes Lachen. 120 schadenfrohe Soldaten prusteten los …

Der Kompaniechef lachte nicht, wenn ich mich recht erinnere. Und wir beide nur ganz kurz …

Damals stoppte meine militärische Karriere. Der Chef stellte uns vor die Wahl: Geldstrafe oder Unterschrift unter folgenden Satz im Abgangszeugnis: «Seine Interessen liegen außerhalb des Dienstbereiches.» Mein Kollege zahlte. Er war Zeitsoldat und musste noch bleiben. Ich nicht. Ich unterschrieb.

Dennoch wurde ich in den Jahren darauf immer weiter befördert: Fähnrich, Leutnant … Ich glaube, wenn ich heute bei der Bundeswehr nachfrage, was ich mittlerweile geworden bin, erfahre ich, dass mir der Laden inzwischen gehört …

Der neue Rock | 7

Ich war nun also Vikar und trug den Talar, das schwarze Amtskleid der Pfarrer: weit, rockartig, knöchellang. Für einen Mann ein fremdes Gerät.

Sonntags ist Abendmahlsgottesdienst. Bei der Austeilung der Kelche geht alles gut hinwärts. Drei Stufen hinunter zu den Menschen, je vier Personen teilen sich einen Kelch. Danach mit den beiden Kelchen wieder zurück zum Altar, wo die hilfsbereite Mesnerin schon wartet.

Aber beim Aufstieg, die Stufen hinauf, hemmt irgendetwas meinen Lauf. Bei der zweiten Stufe noch mehr. Ich spüre einen Zug am Hals. Auf der dritten Stufe stehe ich dann schon tief gebückt. Von unsichtbaren Mächten nach unten gezwungen. Was ist los?

Ich bin von innen in meinen Talar hineinmarschiert. So stehe ich da.

Tief demütig. Die Hände suchen den Altar. Ein Sturz steht unmittelbar bevor. Was soll ich nur machen? Das Männliche in mir will sich befreien. Selbst wenn der Talar ausreißt. Ein Rest von Vernunft rät zum geordneten Rückzug. Wenn ich nur die Kelche loswerden könnte. Aber meine Hände reichen einfach nicht auf den Tisch des Herrn hinauf. Es bleibt wirklich nur der Bücklingsweg nach hinten, die Stufen hinab.

Unten angekommen, versuche ich einen zweiten Anlauf. Mit stark hochgezogenen Schultern diesmal, um die Bodenhaftung zu verringern …

Die Mesnerin hat mittlerweile meine Not erkannt. Sie nimmt mir die Kelche auf halbem Wege ab – angestrengt das Lachen verbeißend …

Jetzt kann ich endlich meinen Rock hochheben …

«Und der Herr sprach» | 8

Das freie Sprechen beim Predigen hat mich früh gereizt. Ein relativ gutes Kurzzeitgedächtnis hilft mir dabei. Einen kleinen Stichwortzettel habe ich aber doch meist in Reichweite.

Dann: Sonntagsgottesdienst in meiner Vikarsgemeinde im Remstal. Ich verkündige die großen Wahrheiten der Heiligen Schrift mit Herzen, Mund und Händen. Mittendrin fegt meine Linke den Spickzettel von der Kanzelbrüstung. Munter flatternd betritt er den Luftraum. Die Gemeinde ist fasziniert. Ich spreche weiter, während sich das Blatt in immer neuen Loopings dem Altar nähert, um schließlich hinter ihm zu landen.

Wer ein großer Redner werden will, der zeigt natürlich jetzt erst recht, was er kann. Und so predige ich weiter und proklamiere das Heil: «Und der Herr sprach …»

Gerade habe ich diesen Satz in die Kirche hineingerufen, da erscheint vor meinem Bauch mein Zettel wieder. Die gute Mesnerin hat ihn aufgehoben, ist auf die Kanzel gestiegen und streckt ihn mir unauffällig von hinten her zu.

Höflich, wie ich erzogen bin, arbeite ich das Ereignis

27

sofort in die Predigt ein und verkünde der Gemeinde: «Und der Herr sprach … vielen Dank, Frau Vollmer.»

Was mich nur nachdenklich stimmt: So einen Blödsinn haben sich die Leute damals gemerkt. Von der Predigt weiß keiner mehr etwas. Ich auch nicht.

9 | Zwangstaufe

Eine meiner ersten Taufen als junger Vikar: Im vorbereitenden Gespräch mit den Eltern habe ich mir alle Mühe gegeben. Mit den Eltern. Mit dem Thema. Mit dem Kind noch nicht, denn es war nicht dabei. Ich lerne es erst im Taufgottesdienst kennen. Die Kleine ist fünf Jahre alt und flennt schon während des Eingangsliedes.

Als Pfarrer bin ich ja mit Großmut und Toleranz ganz besonders ausgestattet … So lächle ich freundlich gegen den Lärm an und predige weiter. Ein zäher Kampf beginnt: Taufansprache gegen Kindergekreische. Die Taufansprache hat verloren. Längst hört mir keiner mehr zu.

Schließlich geht's zur Sache. Die Familie kommt zum Taufstein. Der Pfarrer ist bereit, das Wasser ist bereit, Eltern und Paten sind bereit – aber das Kind ist irgendwie weg. Schnelle Schritte Richtung Hauptausgang. Wir ahnen: Der Täufling ist getürmt. Die Verwandten brettern hinterher. Weil sie das schwere Hauptportal nicht aufkriegt, wird die Kleine am Ausgang erwischt. Sie strampelt, kratzt und spuckt. Aber die entnervte Familie ist jetzt zum Äußersten entschlossen. An allen Vieren tragen sie das Opfer herbei und halten es mir hin. Ich greife nach dem Taufwasser. Aber meine Hand erreicht nie auch nur die Nähe des blonden Zielortes. Es wird eine Spritz-Taufe mit zugerufener Handauflegung, eine Art sakramentaler Fernbedienung …

In der Erinnerung frage ich immer noch, praktisch-theologisch und so: Ob das alles so richtig war?

Kleider machen Leute | 10

Ich trage gerne legere und sportliche Kleidung. Nix Anzug, Schlips und Bügelfalten. Damit bin ich bei manchen Leuten schnell unten durch. Bei sechs Milliarden Weltbevölkerung fällt das aber kaum ins Gewicht.

Als Vikar war ich allerdings noch unsicher. Gute Freunde hatten mir gesagt, dass man als Pfarrer immer gut gekleidet sein muss. Sie kauften mir sogar einen schnieke-pieke-feinen braunen Anzug.

Damit stolziere ich dann in meine erste Kinderkirch-Vorbereitung ...

Aber schon beim Verlassen der Wohnung bemerke ich, dass irgendetwas nicht stimmt. Als ich an ihrer Tür vorbeigehe, fragt mich eine junge Nachbarin: «Wo ganget Sie denn na?» Als ich meine Absicht offenlege, verschwindet sie im Hausflur. Ich glaube, sie hat gelacht ...

Im Kreis der Kinderkirch-Leute empfand ich dann erst recht, dass der Spruch nicht immer gilt: «Kleider machen Leute.» Es gilt auch dies: «Manche Kleider machen manche Leute unmöglich.»

Den Anzug habe ich schnell verschenkt.

11 | Grußwort mit Turnhose

Schlimmer im Blick auf Kleidung erging es einmal einem Kollegen:

Am Samstagnachmittag steht er, der Junggeselle, in seinem Pfarrgarten und mäht den Rasen. Es ist heiß, er trägt nur ein T-Shirt, eine weiße Turnhose und Badeschlappen. Plötzlich durchzuckt ihn eine Erinnerung: «Ich soll doch in der Nachbargemeinde irgendein Grußwort sagen?!»

Nun: Grußwort? Samstagnachmittag? Nachbargemeinde? Es kann sich kaum um etwas Größeres handeln. So fährt er gleich los, gekleidet, wie er ist.

Im Gemeindehaus des Nachbarortes ist es ruhig. Er öffnet vorsichtig die Tür zum Saal und erstarrt: Der Saal ist schwarz. Alle Leute in dunkler Kleidung. Festatmosphäre. Da schlägt der Wind die Tür hinter ihm zu, und alle schauen hin …

Die Lehre daraus: Gegen weiße Turnhosen bei Pfarrern ist nichts einzuwenden. – Unten drunter halt.

Glocken | 12

Die Glocken einer normalen Kirche werden von einer Firma regelmäßig gewartet. Bei unserer Kirche ist es wieder so weit. Der Monteur ist da. Nach drei Stunden meldet er: «Alles bestens.»

Beim Abendläuten funktionieren allerdings die Glocken nicht mehr. Stattdessen läutet es nachts um zwei Uhr. Das volle Geläute für den Hauptgottesdienst. In der nächtlichen Stille ist dies ein mächtiger Sound. Meine Frau und ich liegen wie gefroren im Bett. Was tun? Soll ich mich anziehen und auf den Glockenturm steigen? Irgendwelche Sicherungen rausdrehen? Womöglich hört das Geläute gerade dann auf, wenn ich dort bin … Man kennt das ja vom Telefon … Vielleicht stört das Läuten ja gar niemanden? Die Leute schlafen ja alle …

So warten wir ab. Und tatsächlich, nach etwa 15 Minuten hört das Läuten wieder auf. Am nächsten Morgen ruft der Nachbar an. Er ist immer noch ganz außer sich.

Ob ich etwas gehört habe heute Nacht … «Heute Nacht? – Ach so, die Glocken meinen Sie …?»

Dummerweise vergaß ich den Vorfall untertags wieder. In der folgenden Nacht hat es tatsächlich um zwei Uhr wieder angefangen zu läuten …

Aber nun wussten wir ja schon, dass es nach 15 Minuten von alleine wieder aufhört …

13 | Kirchenkonzert

In unserer Kirche ist ein Konzert angesagt: Orgel und Trompete. Wir haben mächtig Werbung gemacht und rechnen mit einem vollen Haus. Eine Stunde vor Beginn ruft die Mesnerin an, ich solle doch mal in die Sakristei kommen. Dort sagt sie mir mit Grauen im Blick: «Die

Glocken gehen nicht, und die Heizung lässt sich auch nicht mehr regulieren.»

Tatsächlich: In der Kirche ist eine Bullenhitze. Der Organist, der für das Konzert übt, hat einen knallroten Kopf. Was tun?

Glücklicherweise kommt gerade ein Mitarbeiter, ein junger Elektro-Lehrling. Er sichtet kurz die Lage, greift dann zur Zange, zwickt ein Kabel ab – und die Orgel schweigt. Der Organist ruft von der Empore herunter um Hilfe. Der Lehrling probiert neue Kabelverbindungen: Jetzt läuten die Glocken, aber die Heizung fällt aus. Orgel und Heizung funktionieren daraufhin nur noch, wenn man ihr Kabel zusammenschließt. Ein innerer Zusammenhang, der mir bis dahin auch nicht klar war …

Um 20 Uhr beginnt dann ein grausamer Abend. Das Konzert ist gut besucht. Die Orgel ist wegen der Hitze völlig verstimmt. Die Trompete findet den gesamten Abend keinen Zugang zu ihr. «Sie konnten zusammen nicht kommen …» Es gibt immer nur entfernte Annäherungswerte …

Einzigartig an diesem Abend ist auch das Triangelspiel. Der angereiste Musiker muss im gesamten Konzert nur ein einziges Mal zuschlagen. Er tut es auf die Minute genau … Ich bedanke mich bei den Abkündigungen auch für diesen minutiösen Beitrag.

Übrigens weiß ich noch den Titel jenes Konzerts: «Wenn der Herr nicht das Haus baut ...» Es war eine Uraufführung. Soweit ich weiß, war es auch eine Endaufführung. Ich habe nie mehr davon gehört ...

14 | Mesnergeschichten

Das langjährige Mesnerehepaar ist in den Ruhestand gegangen. Eine rechte Katastrophe für die Gemeinde. Es findet sich auch in den folgenden Monaten kein Nachfolger. Die Vorgänger waren zu gut!

Schließlich übernehmen meine Frau und ich dieses Amt. Es wird eine schöne Zeit. Ich bekomme ein ganz anderes Verhältnis zu unserer Kirche. Die Altarblumen am Samstagabend mit den Kindern vom Wegrand gepflückt. Die Lieder mit eigener Hand falsch aufgesteckt ...

Dann kommt ein katholischer Zivi und übernimmt das Kommando. Sein konfessionelles Wesen stört weniger als sein unkonventionelles: alte Birkenstock-Schlappen, Kleider vom Flohmarkt, die rechte Mesnerwürde will an ihm einfach nicht aufkommen ...

Auch sonst: Als der Taufgottesdienst zu Ende ist und

die Menschen vor der Kirche stehen, kommt der Zivi-Mesner mit der Taufwasserschale und schüttet den Inhalt ins Gebüsch. Das übrig gebliebene Abendmahlsbrot verschwindet im Abfalleimer des Gemeindehauses ... Es gab einiges zu schlichten damals.

Und doch: Er war ein herrlicher Mesner! Wir würden ihn wieder anstellen! Er identifizierte sich ja so sehr mit uns und den heiligen Anliegen des Hauses – so sehr, dass er die Haushaltspraktikantin der Pfarrfamilie heiratete.

Vertretung | 15

Der Nachbarpfarrer ist beliebt, gebildet und hoch geachtet. Ich habe ihn noch nie vertreten dürfen. Einmal aber muss es sein. Er findet keinen Besseren. So halte ich eine Beerdigung für ihn.

Als ich wieder zu Hause bin, ruft seine Frau an und fragt, ob alles gut verlaufen sei. «Ja», sage ich, «es war eine Bombenstimmung auf dem Friedhof. Die Leute waren derart begeistert, dass wir den Sarg dreimal rauf- und runterlassen mussten ...»

Entsetztes Schweigen am anderen Ende der Leitung. Dann: «Ooooooh, das macht mein Martin aber nicht ...»

16 | Pfarrhaus-Idylle

Der alte Gymnasialprofessor Wunderlich, Verfasser vieler christlicher Bücher, sagte mir einmal: «Wenn Sie überlegen, welche Pfarrstelle Sie aussuchen sollen, so entscheiden Sie nach dem, wo Ihre Frau gerne wohnt.» Also nach der Qualität der Pfarrwohnung. Der Rat hört sich ziemlich eigennützig an, ist aber nicht schlecht.

Doch wir hielten es anders. Besonders auf der ersten Stelle. Der Zustand des Pfarrhauses dort hatte alle früher interessierten Kollegen vertrieben. Es hatte zwar einen liebevollen Charme, aber auch seine Mängel:

Gleich jenseits der Haustür stieß man aufs Gemeinde-Klo. Gebaut zu Zeiten von Sem, Ham und Japhet. Danach roch es auch noch. Der Gemeindesaal bestand aus zwei zusammengelegten Zimmern. Zwischenwand raus, fertig. Nebenan und oben drüber Wohnungen. Hellhörigkeit bekämpften wir durch dicke Schichten erbettelter Teppiche. Es war schön.

Nach oben zur Pfarrwohnung gelangte man durch eine Schwingtür, deren Geräusch ich auch nach über zwanzig Jahren noch im Gehör habe. Dahinter ein einzigartiges Areal: Die Küche erreichte man nur, indem man in einem weiten Rundlauf sämtliche anderen Zimmer der Wohnung durchquerte. Jeder Raum war gleichzeitig Flur. Einschließlich Badezimmer. Letzteres hatte zwei Türen, die eine davon eine nicht abschließbare Pendeltür, mit allen Folgen …

Wir lernten damals den Vorteil von viel Badeschaum kennen:

Eines Samstags sind im unteren Stockwerk viele Menschen versammelt. Eine Veranstaltung ist angesetzt. Darum bade ich vorher. Aber kaum bin ich in der Wanne, da kommt eine Mitarbeiterin. Sie will sich im Bad die Hände waschen. Da die eine Tür verschlossen ist, nähert sie sich von der anderen Seite. Durch die Milchglasscheibe sehe ich sie kommen und tauche ab. Durch Schaumberge hindurch erkenne ich ihre Konturen am Waschbecken. Das Geräusch fließenden Wassers übertönt meine seltenen Atemzüge. Sie bemerkt mich nicht. Dann öffnet sie die zweite Tür und entfernt sich wieder …

Seit jenem Tag befestigten wir beim Baden die Pendeltür mittels einer Seilverbindung am Heizkörper.

17 | Vergessene Gottesdienste

Die Kirchengemeinde hat zwei Außenorte, die ebenfalls mit Gottesdiensten zu versorgen sind. Sonntagabends um 18 Uhr läutet das Telefon.

Gut gelaunt nehme ich den Hörer ab: «Herr Pfarrer, kommen Sie noch? Wir warten seit 40 Minuten.» Bis ich mich umgezogen habe und hingefahren bin, sind weitere 20 Minuten vergangen. Mittlerweile sind die Leute wieder heimgegangen. Was tun?

Ich erkundige mich bei der Mesnerin, wer da gewesen ist. Dann besuche ich alle, von Haustür zu Haustür, und bitte sie, mein Versäumnis zu entschuldigen. Eine üble Geschichte, aber durch den Bußgang ist sie gerade noch mal gut gegangen.

Ein Vierteljahr später läutet das Telefon wieder:

«Herr Pfarrer, kommen Sie noch? Sie haben doch eine Taufe?» Es war genau dasselbe wieder passiert: Ich habe den Gottesdienst am Sonntagabend einfach vergessen. Dabei war der Schulrektor mit seiner Familie zur Taufe seines Enkels gekommen …

Und: Ich mag's ja kaum sagen, aber diese Katastrophe ist mir in der gleichen Gemeinde sogar noch ein drittes Mal passiert. Unfasslich.

Wenn man etwas unbedingt vermeiden will, wenn man einen Fehler auf keinen Fall machen will …

Übrigens:

Einem Kollegen in jener Gegend ist es ähnlich ergangen. Den schüttelt es heute noch, wenn er davon spricht. Er war passionierter Segelflieger. Eines Nachmittags meint er, ein wenig «Luft» zu haben, und startet vom Klippeneck aus eine Segeltour. In großen Kreisen fliegt er auch über seinen Wohnort. Plötzlich entdeckt er unter sich eine schwarze Menschenansammlung. Auf dem Friedhof! Beerdigung vergessen! Per Luftlinie war es ja nicht weit, aber …

«Welch ein Freund ist unser Jesus» | 18

Ein Kollege war zum Predigen eingeladen. Der Veranstalter war sehr großzügig: «Sie können sprechen, so lange Sie wollen.» Er sprach lange. Nach zweieinhalb Stunden bemerkte er bei den Zuhörern Jalousieschwierigkeiten. Er setzte zur Landung an: «Eigentlich hätte ich noch viel zu sagen, aber Jesus hat mir zugeflüstert, dass ich aufhören soll.»

Darauf stimmte einer aus der Gemeinde das Lied an:
«Welch ein Freund ist unser Jesus ...»

19 | Der rettende Heide

Jahresfest in Bad Harzburg. Ich bin zur Festpredigt in der
Stadthalle eingeladen. Es ist ein schöner Anblick: der ge-
schmückte Saal, ein farbenprächtiger Chor, sogar der
Oberbürgermeister ist da ...

Aus unbekannten Gründen bin ich schon vorzeitig im
Saal. 10 Minuten zu früh, das passiert mir selten. Dann
wäre ja noch Zeit für einen Gang zur Toilette?

Ich gehe ins untere Stockwerk. Als die Klotür hinter mir
zuschlägt, fällt auf der Innenseite der Türgriff heraus. Es
ist eng in der Zelle, beim Bücken stoße ich auch noch mit
dem Fuß gegen den Griff, worauf dieser sich in Richtung
Nachbarkabinen davonmacht. Ich kann ihn sehen, weit,
weit weg ... Vor Schreck vergesse ich ganz, was mich hier-
hergeführt hat. Ich will nur wieder raus. Aber wie?

Mittlerweile fängt droben im Festsaal das Programm
an. Posaunen spielen. Und ich höre eine schwungvolle
Stimme am Mikrofon: die Begrüßung. Wahrscheinlich
werde ich der Versammlung gerade vorgestellt ...

Derweil suche ich weiter nach Fluchtmöglichkeiten. Durch die Decke? Keine Chance. Da sitzen die 1000 Leute vom Festsaal drauf. Durch die Wand? Ich bin nicht Schwarzenegger. So versuche ich die Brüstung meiner WC-Kabine zu erklimmen. Vielleicht komme ich durch den Spalt da oben raus? Aber dieser ist so schmal, dass kaum meine Schuhe durchpassen.

Da fällt mir nur noch eine Lösung ein: Ich hole die Klobürste, zwänge mich nochmals in den Spalt unter der Decke und versuche mit der Bürste nach dem Außengriff meiner Tür zu stoßen.

In dieser Haltung, die Bürste schwingend wie ein Elefant seinen Rüssel, findet mich ein Heide. Es muss ja wohl ein Heide sein, denn die Frommen sitzen doch alle droben im Festsaal.

Ich grüße den staunenden Fremden mit dem alten deutschen Ruf: «Heee!»

Er versteht und befreit mich.

20 | Voll eins auf die Ohren

Ein schwieriges Brautpaar hat sich zur Trauung gemeldet. Schon während des Traugesprächs zanken die beiden unentwegt. Der Gottesdienst scheint schwierig zu werden. Es gibt viele Zusatzwünsche von Seiten der Braut. Und die Dame kann kriegerisch werden, wie ich miterlebt habe ...

Dann ist es so weit.

Konzentriert arbeite ich die bräutlichen «Regieanweisungen» ab. Selbst zu einer Predigt reicht's noch. Dann ist alles vorbei. Die Orgel spielt das Postludium, und das Brautpaar bewegt sich in Richtung Ausgang. Da sehe ich in der vordersten Kirchenbank etwas liegen: Die Braut hat ihren Brautstrauß vergessen! Ich packe ihn, eile ihr nach und überreiche ihn ihr, mittlerweile bester Laune, mit einer übertrieben großzügigen Verbeugung.

Als ich mich schwungvoll wieder zurückziehen will, bleibe ich mit der Hand in der Schlaufe des Brautstraußes hängen. In einem Zug flutscht er der Braut durch die Faust und «pflatscht» auf den Fußboden. Dort öffnet er sich und zerfällt in alle Einzelteile.

O Schreck! Gerade bei dieser Trauung durfte so etwas ja nicht passieren. Erschrocken nehme ich kurz meine

Hände vors Gesicht, will dann nach unten tauchen, um die Blumen aufzuheben. Aber der Bräutigam ist einen Tick früher unten, worauf ihm meine hilfsbereite Hand heftig eins aufs Ohr haut. Seine Brille macht sich davon. Sie hängt am Jackett. Der arme Mann sucht nach ihr, ist wild hin- und hergerissen zwischen Brille, Braut und Blumenstrauß. Ein Gefühl von Verlorenheit ist um ihn ... und um mich auch.

Ein sicherer Instinkt sagt mir nun: «Hier und heute kannst du nichts mehr retten. Höchstens noch dich selber.» Das mache ich dann auch.

Die bekleckerte Braut | 21

Die kirchliche Trauung ist vorüber. Das Brautpaar lädt mich zum Hochzeitsessen ins Gasthaus ein. Ich kriege den Ehrenplatz neben der Braut.

Als das Hauptmenü gereicht wird, hält mir irgendjemand die Salatschüssel hin: «Nehmet Se, Herr Pfarrer!»

Weil ich den Salat stets gut feucht mag, am liebsten von ganz unten in der Schüssel, greife ich mit dem Besteck tief hinunter, dorthin, wo die Salatsoße ist. Ein beherzter Zugriff, dann die Überführung auf meinen Teller … Aber auf halber Luftstrecke schnappt mein Besteck übereinander, und der triefende Salat landet statt auf meinem Teller – auf dem Oberschenkel der Braut.

Diesen Anblick werde ich nie vergessen: Feldsalat auf Hochzeitskleid. Entsetzlich. Ich wäre am liebsten gleich heimgegangen. Selbst die Salatsoße versucht sich schamhaft davonzumachen und tropft verschämt auf die unteren Bereiche der Braut.

Ganze Horden von Frauen machen sich an der Braut zu schaffen. Ein Lärm ist losgebrochen wie bei der Schlacht von Waterloo. Ich sitze immer noch da mit meinem Besteck in der Hand und warte auf das Weltende. Da höre ich aus dem Gefechtslärm die Stimme der armen Braut: «Aber Herr Pfarrer, das macht doch nichts!»

Na dann …

22 | Das Elend mit der Pünktlichkeit

Mit der Pünktlichkeit stehe ich schon seit tausend Jahren auf Kriegsfuß. Ich habe es mit allem probiert. Mit biblischen Mahnungen («Wer im Geringsten treu ist …»), mit vorgestellten Uhren, mit überhöhten Geschwindigkeiten auf der Straße, mit extrem frühen Abfahrtszeiten …

Aber immer wieder komme ich zu spät. Hundsgemeine Staus, ein Anruf kurz vor der Abfahrt, niederträchtige Sonntagsfahrer, Nebel …

Einmal steht ein Vortrag an in Kempten. Ein Lastwagenfahrer vor mir will da wahrscheinlich auch hin. Seit über einer halben Stunde hemmt er mich. Jetzt geht es um Minuten. Punkt 20 Uhr stehe ich im Gelände: Halle XY.

Aber wo ist sie?

Im weiten Gelände stehen etwa fünf oder sechs hell erleuchtete Hallen. Und niemand ist unterwegs, den ich fragen könnte. So fange ich irgendwo an. Aber nun verbindet sich das Unglück mit einem weiteren Schicksal meines Lebens: Ich finde das, was ich suche, immer erst ganz zuletzt. Als allerletzte Möglichkeit. Das ist immer so. Immer. Immer …

Als ich um 20.30 Uhr (!) die richtige Halle erreiche, weiß ich zweierlei: Einmal, was in allen anderen Hallen abgeht – und zum anderen, wie ein Veranstalter aussieht, dem die Nerven blank liegen.

An diesem Abend werden dennoch eine Rekordzahl von Kassetten verkauft. Zur Beruhigung der Wartenden habe ich nämlich zu Beginn des Vortrags meinen damaligen Lieblingswitz erzählt …

(Fragen Sie nach meiner Telefonnummer, dann erzähle ich ihn noch mal!)

23 | Pünktlichkeit 2

Ein andermal, Ostermontagskonferenz im Schwarzwald. Ich bin bis auf etwa 1,5 Kilometer Luftlinie an den Veranstaltungsort herangerückt. Und es ist noch fast eine Stunde Zeit bis zum Beginn ... Unfassbar! Wie konnte dies passieren? Was soll ich in dieser Zeit tun?

Ich beschließe, einen Mittagsschlaf im Auto zu machen. Auf einem Waldweg, in Sichtweite der Kirche. Also: Sitz runter, Wecker stellen, ratzen. 10 Minuten vor der Veranstaltung werde ich geweckt. Sitz wieder hoch, Start und los! Aber was ist denn das? Hinter der nächsten Kurve des Waldsträßchens endet die Fahrt an einer Schranke. «An Sonn- und Feiertagen geschlossen.» Ich traue meinen Augen nicht. Die Kirche ist zum Greifen nahe. Es läutet schon. Und ich muss zurückfahren und eine neue Anfahrt suchen.

Als ich endlich zur Kirche komme, bin ich wieder mal 10 Minuten zu spät, und die verantwortlichen Brüder haben jenen verzweifelten Blick, den ich so fürchte.

Pünktlichkeit 3 | 24

Abendgottesdienst in einer Waldkapelle. Gerade will ich mein Studierzimmer verlassen, um loszufahren, da läutet das Telefon. Ein kleiner Junge ist am Apparat. Vielleicht fünf Jahre alt. Er hat sich verwählt. Er sagt mir, dass er seine Eltern suche. Sie seien aus dem Haus gegangen, und er könne nicht einschlafen, weil er Angst habe ...

Ich schaue auf die Uhr: Noch maximal fünf Minuten bis zum Beginn des Gottesdienstes. Gut vier Minuten brauche ich für die Anfahrt ... Aber da ist auch noch der kleine Bub mit seiner Angst ...

Ich schlage ihm vor: «Jetzt nimm einfach das Telefon mit ans Bett und kuschle dich rein. Und wenn du willst, dann erzähle ich dir eine Geschichte. Willst du?» Er will. Und dann erzähle ich ihm eine ...

Den wartenden Gottesdienstbesuchern habe ich es nachher erzählt. Dabei habe ich zum ersten und einzigen Mal Beifall bekommen für meine Unpünktlichkeit ...

Das hat mich sehr ermutigt ...

25 | Führungen

Ich habe nie vorher gewusst, ob ein neuer Weg richtig sein würde. Ich habe es immer erst in der Rückschau erfahren.

Nach acht Jahren in der ersten Gemeinde spürte ich, dass es Zeit wurde für einen Wechsel. Nur: Wechsel wohin? Es gab eine Reihe Möglichkeiten. Es gab Anrufe, Anfragen ...

Die Entscheidung war schwer. Damals machten wir gerade eine Gemeindereise nach Israel. In Jerusalem ist mir einer der liebsten Plätze der Garten Gethsemane. Nicht im Touristen-Teil, sondern gegenüber, auf dem unbestellten Grundstück mit den vielen Ölbäumen. Es gibt eine niedere Stelle in der Mauer, da kommt man drüber. Es ist der Tag vor dem Heimflug. Und noch immer hat sich nicht geklärt, in welche Gemeinde wir wechseln sollen. Da kommt mir eine Idee: Ich baue mit Steinen einen kleinen Turm. Stein auf Stein, ungefähr 70 Zentimeter hoch. Er soll mein Zeuge sein. Ich fotografiere ihn und bete: «Lieber Herr, so wahr dieser kleine Turm hier steht, möchte ich tun, was Du mit mir willst. Ich weiß nicht, wohin wir wechseln sollen, aber nun entscheiden wir mal für A. Bewahre uns oder korrigiere uns.»

Die Fotografie vom Türmle habe ich heute noch. Und dann hat es Gott wieder so gut mit uns gemacht!

Sechs Jahre später war erneut Wechselzeit. Zur Liebenzeller Mission oder in ein anderes Werk? Wieder sind wir in Jerusalem. Und wieder baue ich einen kleinen Turm ... nein, zwei. Der eine steht für früher, der zweite steht für heute. Und ich bete wie damals.

Am nächsten Morgen: Kurz vor dem Heimflug eile ich noch mal nach Gethsemane, um die Türmle zu fotografieren. Da sehe ich ein seltsames Bild: Gegen die Fall-Linie haben sich die beiden Türme zueinander geneigt und einen Torbogen gebildet. Eine freundliche Ermutigung, wie ich meine: für Liebenzell. Es hat sich bestätigt.

Der «neue Kurs» in Liebenzell | 26

Ich bin nicht zur Liebenzeller Mission gegangen, um dort die Dinge auf den Kopf zu stellen. Ich habe bei meiner Vorstellung nur darum gebeten, dass man das bitte auch von mir nicht verlange: dass ich mich auf den Kopf stelle.

Im Jahr meines Wechsels nach Bad Liebenzell ging im Tübinger Stift der Spruch um: «Wolfsberger führt die Liebenzeller Mission ins nächste Jahrhundert. Vom 16. ins 17. …»

Manche wussten schon vorher: Der Neue macht das Werk kaputt! Diese Personalentscheidung sei für die Liebenzeller Mission eine Katastrophe, sagte einer. Wieder ein anderer schlug mir eine Namensänderung vor, weil der «Wolf» schon in der Bibel solch ein schlechtes Image habe. Freunde meinten früh, dass ich von meiner Art her nicht in dieses Werk passe. Ich sei weder ein strammer Konservativer noch ein Sitzungsmensch und schon gar nicht hart genug für viele Auseinandersetzungen. Ich gehöre auf Kanzeln und an Mikrofone, meinten sie.

Tatsächlich waren die ersten beiden Jahre als Direktor der Liebenzeller Mission nicht leicht. Und als ich nach zwei Jahren schwer krank wurde, ging mancherorts der Satz um: «Jetz hend se en hee gmacht.»

Aber es war doch eine sehr, sehr gute Zeit! Ich habe bei der Liebenzeller Mission Menschen kennen gelernt, die täglich für mich beten. Und wie Gott uns geholfen hat, all die Jahre hindurch! Neue Brüder kamen hinzu. Die Missionsleitung wuchs zu einer prächtigen Mannschaft zusammen, und eine dickere Haut ist mir auch gewachsen …

Und wer hätte je gedacht, wie viel und herzlich wir in Liebenzell mal noch lachen werden …

«Nww»-Gefühle | 27

Wenn ich zu einem Frauenfrühstück eingeladen bin und manchmal Hunderten von Frauen gegenüberstehe, dann suchen meine Augen in allen Ecken des Saales nach einem Mann. Sonst nicht. Aber da schon. Und sehe ich keinen, dann kriege ich meine «Nww»-Gefühle: «Nix wie weg!»

Beim Durchstöbern meiner Tagebücher habe ich wieder entdeckt, dass ich diese «Nww-Gefühle» allerdings auch schon bei anderen Gelegenheiten gehabt habe:

- Als unser Jüngster aus dem Fenster gefallen ist, meine Frau alleine in der Klinik wachen musste und ich zu Diensten im Ausland war, da dachte ich: Nww von diesem Job!
- Wenn einer mich als Verräter der Väterlinie, Bibelkritiker, Türöffner des Schwarmgeistes, Verderber für das Werk bezeichnet hat, dann kam es wieder: Nww von Liebenzell.
- Wenn meine Kinder mir gezeigt haben: Der Papa hat immer mehr Zeit für andere als für uns – puuuh, da war's ganz stark: Nww aus diesem Beruf! Lieber Zimmermann werden!

Ein Brief aus dem Jahr 1994 hat mich oftmals gehalten. Ein Prediger im Ruhestand, der meine Niedergeschlagenheit ab und zu bemerkte, schrieb mir damals: «Lauf nicht weg … Du wirst nirgends anders glücklich sein können. Wer sich von seiner Berufung amputiert, schneidet sich ins eigene Fleisch.»

28 | «Vergebung schenkt Kraft»

Unterm Jahr kann viel vorfallen. Dinge können geschehen, die man überhaupt nicht kommen sieht: Eine Vorfahrt wird nicht beachtet, eine überreizte Reaktion zugelassen, ein unpassender Vergleich gewählt, einer Versuchung wird nachgegeben. Man wird in dieser Welt schnell schuldig.

Da ist es von kaum zu überbietender Schönheit, wenn in einem Haus oder in einer Gemeinde ein Klima der Vergebung besteht.

Ein Klima, nicht eine grundsätzliche Befürwortung. Ein Klima entsteht durch solche, die selbst Vergebung brauchen und sich darum kümmern. Denen der Weg zu Beichte und Abendmahl geläufig ist. Im Ernstfall kann man sie klar erkennen.

Einmal ist ein junger Seminarist schuldig geworden. Es fallen harte Urteile über ihn. Für manche scheint die Bestrafung zwingend. In der aufgeheizten Diskussion sagt einer der älteren Brüder leise: «Vergebung schenkt auch Kraft, und genau das brauchen unsere jungen Prediger im Dienst.»

Danach wird der Fall entschieden. Gott sei Dank.

«Einfältig ist, wer in der Verkehrung, Verwirrung und Verdrehung aller Begriffe allein die schlichte Wahrheit Gottes im Auge behält.»

— *Dietrich Bonhoeffer*

Die große Gabe | 29

Ende 1993 teilte ich den Missionsfreunden mit, dass wir auf ein Spendenloch von mehr als einer Million DM zugehen. Dieses Schreiben berührte besonders die Leitung des Altpietistischen Gemeinschaftsverbandes (AGV). Ihr Vorsitzender, Rektor Otto Schaude, teilte mir telefonisch mit, dass der Verband ein Sonntagsopfer für die Liebenzeller Mission bestimmen werde. Überall in den AGV-Gemeinschaften werde an einem

bestimmten Sonntag für die Liebenzeller Mission ge-
spendet.

Damals habe ich in mein Tagebuch geschrieben:

«Welch eine großzügige Geste. Diese Gabe beschämt
uns. Wir Liebenzeller haben nicht überall den besten
Ruf. Trotzdem tun die AGV-Leute so etwas für uns!
Diese Gabe anzunehmen, ist nicht leicht. Verletzt sie
nicht auch ein wenig unseren Stolz? Außerdem: Haben
wir je in ähnlicher Weise nach anderen geschaut? Auf
sie heruntergeschaut, ja. Aber nach ihnen geschaut
wie Mose nach seinem Volk oder Paulus nach den Brüdern (Apg 15,36)? Wie schön wäre es, wenn wir selbst
auf eine solche Idee gekommen wären! Ich bete, dass
Gott einen Segen auf dieses Geld legt – auf jeden Fall
für die Apis (Phil 4,17). Und ich erbitte von Gott, dass
dieses Teilen eine innere Bewegung in unser Werk
bringt: ein großzügiges Denken über den eigenen
Zaun hinaus ...»

Ein bisschen davon ist wahr geworden! Oder?

Das himmlische Leitungsideal | 30

Man sagt, der geborene Leiter sei einer, der in einer Gruppe sagt: «Kommt, wir trinken eine Cola!» – und alle gehen mit.

Ich glaube, solch ein Leiter bin ich nicht. Sondern? Ich weiß es letztlich nicht. Ich erfahre es nur im Feedback von mir unabhängigen Menschen und aus dem, was sich nach und nach um mich herum formt.

Leiter sind nach meiner Beobachtung von einem gewissen Nebel umgeben. Sie erfahren Dinge und Menschen nicht immer so, wie diese wirklich sind. Zu einem Leiter gibt es drum herum meistens ein bestimmtes Verhalten. Der Leiter wird selten ohne sein Amt gesehen, auch wenn er es meint und gerne hätte ...

Ich bin keiner festen Vorstellung von Leitung gefolgt, und doch trage ich ein stilles Vorbild in mir. Es stammt nicht aus der Management-Literatur. Auch nicht aus Biografien. Sondern es geht zurück auf eine Geschichte, und die geht so:

Vor langer Zeit schickte sich ein König an, seinen Sohn vorzubereiten auf die Übernahme des Königreichs. Zuvor sollte er aber das Beste lernen, was ein künftiger Herrscher braucht. So schickte ihn sein Vater zu einem ehrwürdigen

Mann in den Bergen. Von diesem sollte er alles lernen, was für einen kommenden König und für das Volk gut ist.

Sobald der junge Prinz bei dem ehrwürdigen Mann angekommen war, schickte ihn dieser allein in den gro-ßen Wald. Nach einem Jahr sollte er zurückkommen und den Klang des Waldes beschreiben.

Als das Jahr um war, forderte der Weise den Prinzen auf, alles zu beschreiben, was er gehört hatte.

«Lehrer», sagte dieser, «ich konnte hören, wie der Ku-ckuck ruft, wie die Blätter rauschen, wie die Kolibris sur-ren (man achte auf die Verben!), die Grillen zirpen, das Gras weht, die Bienen summen und der Wald flüstert!»

Darauf schickte ihn der ehrwürdige Mann erneut in den Wald, um noch mehr zu erlauschen. Der Prinz war verwirrt. Hatte er denn nicht schon jeden Laut des Wal-des wahrgenommen? Aber gehorsam machte er sich er-neut auf den Weg. Und Woche für Woche, Monat für Mo-nat suchte und hörte er auf den Klang des Waldes. Und eines Morgens, ganz plötzlich, drangen neue Laute an sein Ohr. Geräusche, wie er sie noch nie gehört hatte. Und je genauer er hinhörte, desto klarer wurden sie.

Als der Königssohn wieder zu seinem weisen Lehrer kam, fragte ihn dieser, was er nun noch erfahren habe. «Meister, ich habe nie zuvor Gekanntes gehört: Den Klang sich öffnender Blumenblüten, den Klang der auf-

gehenden Sonne, die die Erde wärmt, den Klang des Gra-
ses, das den Morgentau trinkt!»

Da nickte der alte Lehrer anerkennend und sagte:

«Das Unhörbare hören zu können, ist als Fähigkeit bei
einem Herrscher unabdingbar. Nur wenn ein Herrscher
gelernt hat, genau auf die Herzen der Menschen zu hören, wenn er die Gefühle versteht, die sie *nicht* mitteilen,
die Schmerzen, über die sie *nicht* sprechen, die Beschwer-
den, die sie *nicht* äußern, nur dann kann er hoffen, in
seinem Volk Vertrauen zu erwecken, all das zu verstehen,
was nicht stimmt, und die wahren Bedürfnisse seines
Volkes zu erfüllen. Der Niedergang von Völkern beginnt,
wenn die Führer nur auf flüchtige Worte hören und sich
nicht in ihre Menschen hineinversetzen, um ihre wahren Ansichten und Wünsche herauszuhören.»

Gott sagt: «Ich will euch Hirten geben nach meinem
Herzen, die euch weiden sollen in Einsicht und Weisheit»
(Jer 3,15) – nach Hesekiel 34,16 sind das Hirten, die das
Schwache stärken, das Kranke heilen, das Verirrte zu-
rückholen, das Verlorene suchen.

Wie gesagt: In einem Management-Buch steht das
nicht. Erschöpfendes über «Leitung» ist damit auch
nicht gesagt. Und schon gar nicht kann ich dem Ideal
dieser Geschichte entsprechen. Aber sie hat Einfluss auf
mich genommen und auf meinen Weg …

31 | Das Elend mit der Macht

In einem alten Briefwechsel fand ich den Satz: «Das Liebenzeller Werk hat die Neigung, Tyrannen zu produzieren!» Das geht schleichend vor sich, und es ist gut, sorgsam darauf zu achten.

«Ein Leiter bei der Liebenzeller Mission wird nur das, was man ihn werden lässt», sagte Traugott Jehle.

Ich habe mir in meinem Zimmer in der Villa Lioba den Spruch von Gerhard Röckle aufgehängt:

«Herr,
lass die Macht der Liebe größer sein
als die Liebe zur Macht.»

Ich glaube: Die Stärke eines Werkes und eines Leiters zeigt sich nicht in seinem Machtgebaren, sondern in seiner Demut. Wo genug Mitarbeiter da sind, die sich von anderen etwas sagen lassen, da kann etwas gedeihen. Mitarbeiter der letzten Jahre, die im Dienst gescheitert sind, hatten alle diese eine Not: Sie ließen sich nichts sagen.

Unkraut wächst schneller als Eichen | 32

Es gibt unter Christen manchmal eine Hektik des Heiligwerdens. Es soll alles ganz schnell gehen mit dem «Siegesleben», dem «Gebetsleben» …

Die Erfahrung aber ist: Es gibt in dieser Welt unweigerlich Pleiten und Rückschläge. Daran sollten wir uns auch gar nicht lange aufhalten, sondern aus allen Fehlern wieder aufstehen und uns freuen, dass wir einen Gott haben, der heilt und vergibt.

Manche wollen schon im Frühjahr blühen, wachsen, reifen und Früchte bringen. Schön, wenn etwas davon gelingt. Aber wir dürfen auch Geduld mit uns selber haben. Gott hat sie auch.

Unkraut wächst schneller als Eichen. Wer so schnell wachsen will wie Unkraut, der muss eben Unkraut werden. Eichen brauchen Zeit.

Viele von uns kennen den Vers von Dora Rappard:

«Wie lang hab' ich mühvoll gerungen,
geseufzt unter Sünde und Schmerz …»

Auf dem, was dann kommt, liegt alles Gewicht:

«Doch als ich mich ihm (Gott) überlassen,
da (!) strömte sein Fried in mein Herz!»

Genau das aber ist gegen unsere Natur: Überlassen!

33 | Erziehungsmethoden

In den ersten Jahren unserer Familiengeschichte habe ich mir viele Bücher gekauft. Über Erziehung und so. Aber ich kam einfach nicht zum Lesen. Ich schnupperte nur daran und stellte das Buch dann ins Regal. Mein Eindruck war aber: Kinder erziehen, das ist nicht leicht! Mit soundso vielen Monaten muss ein Kind sauber sein. Ab soundso vielen Jahren darf ein Kind nicht mehr zu den Eltern ins Bett «schlupfen» …

Wir haben es dann, unbelesen, wie wir blieben, anders gehalten:

Damit die Kinder beim Springen auf die Betten nichts kaputt machen, haben wir einen Sonderrost anfertigen lassen: 3 × 2 Meter. Ohne Sprungfedern. Mit guten Matratzen darauf. Eine herrliche Turnfläche. Und nachts, wenn die Kleinen Körpernähe brauchten, durften sie kommen. Platz war ja genug vorhanden. Wenn der Papa untertags schon kaum zu fassen ist, sollen die Kinder ihr Schmuse-Bedürfnis wenigstens nachts stillen können.

Das hat sich bewährt, auch wenn es nicht in den Büchern steht.

Überhaupt hatten wir so gut wie keine Erziehungsprinzipien. Höchstens: Nicht lügen! Den Satz haben unsere Kinder oft gehört: «Lieber Nachteile einstecken! Aber nicht lügen!» Denn Lügen ist wie eine Wucher-Wurzel. Sie macht alles kaputt.

Alexander Solschenizyn, der russische Schriftsteller, hat auf die Frage, wie man ein Unterdrückungssystem à la Kommunismus verhindern könne, gesagt: «Meiden Sie die Lüge in jeder Gestalt.»

Ansonsten war, glaube ich, am einflussreichsten für die Kinder, dass Mama und Papa einander so offensichtlich lieben ...

Vergeben | 34

Eine Übung der alten Kirche war: Über vergebene Sünde darf nicht mehr gesprochen werden. Der Herr ist auferstanden, aber vergebene Sünde darf nicht mehr auferstehen.

«Ich will ihrer nicht mehr gedenken …!»

Das hat sich in unserer Familie bewährt: Verfehlungen werden vergeben, nicht ausgesessen oder einem beleidigten Schweigen ausgesetzt. Und wenn etwas vergeben ist, dann ist es auch vorbei. Denn es gibt einander Wichtigeres zu sagen:

«Einer Welt wie der unseren muss man nicht sagen, dass sie und vieles im Argen liegt, aber dass sie von Gott geliebt ist, das muss man ihr dauernd sagen.»

– *Karl Barth*

35 | «Papa, krieg ich einen Hund?»

Die Kinder wollen einen Hund. Vor allem seitdem auf einem Bauernhof die Hündin einen großen Wurf gemacht hat: lauter Promenadenmischungen. Aber die Kinder sind hingerissen und machen ohne unser elterliches Wissen sofort eine verbindliche Zusage: «Den nehmen wir.»

Als ich davon höre, fahre ich gleich hin, um diese Zusage rückgängig zu machen. Ein Hund, das fehlt gerade noch!

Aber dann guckt die Mischung mich an. So ganz arg lang und innig und blinzelnd, so wie man eigentlich nicht gucken darf, wenn man abgelehnt wird …

Und dann bezahle ich halt die 30 DM und bringe das Tier heim in die Küche …

Seither haben wir ihn: Lumpi Wolfsberger.

Das Positive verstärken | 36

Natürlich wollen wir aus unserem Hund einen starken und gut erzogenen Wachhund machen.

Wir führen viele Gespräche mit ihm. Er ist ein guter Zuhörer: mitfühlend, verständnisvoll und einsichtig. Er wird nur kein Wachhund. Irgendwo tief drinnen ist er anders gepolt: Er will hauptsächlich fressen, und um dies zu erreichen, ist er zu jedermann freundlich, charmant und entgegenkommend …

Nur einmal hat er uns doch Hoffnung gemacht, dass aus ihm noch ein Wächter wird.

Während einer Trauung kommt ein Hochzeitsgast zu spät zur Kirche. Um den Weg abzukürzen, wetzt er über den Pfarrhof. Und da erinnert sich Hund Lumpi an die langen Gespräche mit mir. Er fegt dem Fremdling hinterher, die Treppe hinauf, und «pfetzt» ihn kurz in den Po …

Nach der Trauung kriege ich einen wütenden Anruf. Vom Hochzeitsgast. Wie ein Tier (hui, welch eine Assoziation!) sei dieser Hund auf ihn losgegangen, sagt er. Stolz höre ich zu, gleichzeitig mein Bedauern bekundend …

Und gleich nach dem Telefonat gibt's für Lumpi ein Extra-Würstle als Belohnung … Man soll doch bei der Erziehung das Positive verstärken …

37 | Hundewechsel

Lumpi hat uns viel Freude gemacht. Aber auch sie kann den Alterungsprozess nicht verleugnen. Nach 13, 14 Jahren wird sie undicht …

Die Kinder haben eine Lösung vor Augen:

«Er ist nur soooo groß …»

Es eilt angeblich mit der Entscheidung. Und plötzlich ist sie da: Nora Wolfsberger, Mischlingsdame Nr. 2.

Sie soll von der Vorgängerin noch zu deren Lebzeiten eingelernt werden, so hoffen wir. Aber von wegen einlernen! Der alte Hund Lumpi blüht ganz neu auf. Er lebt immer noch. Seit Jahren haben wir deshalb zwei Hunde …

Die innerfamiliäre Erklärung für diesen Zustand heißt: «Das hat der Papa so gewollt.»

Das ist noch das Allergrößte …

Der Spritzhund | 38

Familienurlaub am Plattensee. Ich sitze mit großem Sonnenhut auf der Mauer am See. Die Kinder samt Hunden sind im Wasser. Da hat Hund Nora die Nase voll vom Schwimmen. Sie kommt zurück ans Ufer. Dort liegt, als einziges touristisches Lebewesen, eine deutsche Urlauberin auf ihrer Badematte. Nora strebt zu ihr hin. Die Frau schläft und bräunt sich. Jetzt steht der Hund auf ihrer Badematte quer und tropfend über ihr und schüttelt sich nach Hundeart.

Der Rest ist empörtes Schreien und Schimpfen:

«Du Biest! … Wem gehört der Hund?!»

Ich ziehe den Sonnenhut tief ins Gesicht … Unmöglich, was manche Leute für Hunde haben …

39 | Das hat er nicht vom Papa!

Umzüge fordern von Kindern viel ab. Die alten Freunde sind nicht mehr da, neue müssen erst gewonnen werden ... Simeon, unser Jüngster, kommt in den Kindergarten. Er gründet dort gleich eine Bande. Während die anderen Kinder brav sandeln, steigt er mit seiner Rotte über den Zaun und anschließend durchs Fenster ins evangelische Gemeindehaus. Der Hausmeister erwischt sie. Er lässt berechtigterweise ein Donnerwetter auf die Bürschchen herab. Nach einer Weile stillen Bedenkens ist es Klein-Simeon aber zu viel. Er baut sich vor dem Hausmeister auf, dreht sich kurz um, streift sein Flanellhösle herunter und zeigt dem Ortsgewaltigen seinen Kinderpopo ...

Meine arme Frau muss daraufhin im Kindergarten vorreiten.

Beim Mittagessen frage ich sie: «Hast du auch gesagt, dass er das nicht von mir hat?»

«Umsonscht 'predigt» | 40

Von einer auswärtigen Veranstaltung habe ich guten Waldhonig als Dankeschön mitgebracht. «Rei-predigt» (hereingepredigt) nennen unsere Kinder so was.

Gegen Mittag kommt eine Nachricht ins Haus. Einer der Söhne hat auf dem benachbarten Bauernhof eine Henne mit der Mistgabel erstochen. Mit seinem Freund, dem Bauernsohn, hat er «wilde Tiere gejagt». Das hat eine der Hennen nicht verkraftet.

Der Pfarrerssohn ein Hennen-Mörder? Was tun, um das gute Verhältnis zur Nachbarsfamilie nicht zu trüben?

Schweren Herzens schaue ich mein schönes Honigkübele an. Wenn wir dies einsetzen, als Ersatz und Wiedergutmachung? Meine Frau trägt es zum Bauern. Seufz. Wieder mal «umsonscht» gepredigt.

PS: Am Abend desselben Tages stand die Henne wieder auf und lebte weiter. Aber da war das Honigkübele schon weg ...

41 | Schwere Ladung

Ich bin auf dem Heimweg vom Religionsunterricht. An einer belebten Kreuzung muss ich halten. Da sehe ich Sohn Heiner. Er steht auf der anderen Straßenseite, mit Sonnenbrille, in der Hand eine große Wasserspritzpistole (Modell «Pump-Gun»). Damit spritzt er auf vorbeifahrende Autos ...

Ich halte direkt vor ihm und lasse das Seitenfenster herunter. Er stutzt, mit mir hat er nicht gerechnet. Vorübergehend stellt er das Feuer ein.

«Na, was machsch?», frage ich ihn.

«Spritzesch auf Autos?»

Kurze Denkpause.

Dann die Antwort:

«Ja, mit Gülle ...»

(Er hatte auf dem benachbarten Bauernhof ungehinderten Zugang zum Güllefass ...)

Der stramme Nachbar | 42

Einer unserer Pfarrhausnachbarn war ein alleinstehender Militarist. Die Kinder hatten alle Angst vor ihm. Er schrie immer so fürchterlich.

Vor allem nachts. Da hörten wir ihn militärische Kommandos brüllen, wenn er sich wieder in den Krieg schickte ...

Einige Wochen nach unserem Einzug im Pfarrhaus besucht er mich. «Kannsch ‹du› zu mir sage», bietet er mir an. Gleich gemacht. Darauf kriege ich ein Bier. Ab jetzt kommt er öfter.

Einmal bringt er ein Anliegen mit: «Brauchsch du dei Frau no?» Er bietet mir Speck und Bier als Tauschmittel an. Ich zögere. Man muss sich so was ja erst mal überlegen. Da fordert er mich zum Armdrücken heraus. Er stellt seinen brauereigestählten Kampfarm auf den Tisch und kommandiert:

«Los, mach!!» Also drücken wir.

Ich gewann. Deshalb habe ich meine Frau noch. Und den Speck und das Bier hat er mir auch noch geschenkt.

43 | Liebenzeller Schwestern

Nachdenklich schließt Heiner die Haustür. In der Hand hat er eine Süßigkeit. Eine der guten Liebenzeller Schwestern war gerade da und hat der Familie etwas zum Naschen gebracht.

Heiner staunt: «Dass alle Schwestern meinen Vor- und Nachnamen kennen? Ich kenne immer nur ihren Vornamen: ‹Schwester›!»

44 | Die Tracht

Es ist Weihnachtszeit. Eine gute, alte Schwester in ihrer Tracht schleppt ein Päckchen «für die liebe Pfarrfamilie» die Treppe hinauf. Heiner nimmt es in Empfang. Als er es seiner Mama gibt, fragt diese: «Wie heißt denn die Schwester? Oder wie hat sie denn ausgesehen?» (Sie will sich noch bedanken.)

Heiner: «Wie sie heißt, weiß ich nicht mehr. Wie sie aussieht, habe ich auch vergessen. Ich weiß nur noch ungefähr, was sie angehabt hat.»

Das innere Gewicht der Dinge | 45

Die Einweihung des neuen Missions- und Schulungszentrums (MSZ) steht an. Ein großer Tag für die Liebenzeller Mission. Viele Gäste werden erwartet. Wenige Stunden vor Beginn bringt man dem Direktor die Nachricht: «Ihr Sohn hat ein Bullauge im MSZ zertrümmert.»

Was ist passiert? Sohn Heiner kommt aus der Schule. Die Sonne spiegelt sich in den blitzblank geputzten Fenstern des MSZ. Eines davon interessiert ihn besonders. Ein großes Bullauge, ein kreisrundes Mega-Fenster, ein architektonisches Extra. Ist das Glas oder Styropor? Sohnemann wirft einen Backstein. Es klirrt. Styropor klirrt nicht. Darauf türmt der Sohn. Und die Nachricht eilt über den Berg – siehe oben.

Als ich nach Hause komme, bin ich echt sauer.

«Was heißt hier testen? Man testet Glas doch nicht mit Backsteinen!?»

Am nächsten Morgen im Flur: Wir verabschieden die Kinder meistens mit einem kurzen Segen: Hand auf den Kopf und «Der Herr segne dich und behüte dich». Als ich Heiner die Hand auflege, schaut er darunter hervor und sagt: «Gell, Papa, so schlimm war's dann auch wieder nicht?»

Was soll ich jetzt tun? Soll ich ihm nicht doch noch eine scheuern? Wegen allzu geringer Sündenerkenntnis?

Ich muss mich bei den Festgästen für ihn entschuldigen, und er sagt: «Backstein auf Bullauge, so schlimm ist das auch wieder nicht!»?

Aber als er die Treppe runtergeht, denke ich: Vielleicht hat er ja recht.

So schlimm ist es wirklich nicht. Da gehen im Leben viel schlimmere Dinge zu Bruch als ein Bullauge. Und dass Papa und Sohn ein Verhältnis zueinander behalten, in dem die wirklich wichtigen Dinge noch erkennbar sind, zum Beispiel,

- dass Verzeihen größer ist als Fallen,
- dass Liebhaben mehr ist als Richtigmachen,
- biblisch gesprochen: Dass Gnade mehr ist als alles. Das ist doch auch was.

PS: Übrigens stellte sich bei näherer Prüfung heraus: Das Bullauge war gar nicht kaputt. Es hat nur gescheppert.

«Hanns, des muasch ao mache!» | 46

Dezember 1994. Um es daheim anziehender zu machen, haben wir im Baumarkt einen Holzofen mit großer Glasscheibe gekauft. Abends erzähle ich und lese adventliche Geschichten. Bei einer davon, der Geschichte von der «alten Kätterle», welcher nach einem verpfuschten Leben die Jungscharler das Lied singen «Christ, der Retter ist da», so dass Kätterle es da auf einmal «fassen» kann, sagt Heiner: «Papa, was ich dich schon lange fragen will: Wie wird man eigentlich ein Christ?»

Wir sprechen im Kreis der Familie darüber.

Dann sagt der Kleine:

«Ich will auch ein Christ sein.»

An seinem Bett in seinem Zimmer knien wir beide hin und beten.

Für einen Vater ein großer Moment. Es war immer mein größter Wunsch auf Erden, dass alle unsere Kinder zum Glauben an Jesus Christus finden.

Als wir Amen gesagt haben, ist der kleine Mann ganz außer sich vor Freude. Der Jubel der Engel im Himmel (Lk 15,7.10) hat ihn ergriffen. Er rennt aus dem Zimmer und sucht seinen Bruder Hanns. «Hanns, des muasch obedingt ao mache!» Und Hanns ist inner-

lich reif wie ein Apfel im Herbst. Und wieder knien
Papa und Sohn ...

Das Angebot Gottes annehmen können. Glauben dürfen. Welch ein Geschenk und Vorrecht! «Gottes Gabe ist
es», sagt Paulus.

Die beiden Buben haben damals einen Zettel beschrif-
tet, auf welchem steht: «Ich bin am 11.12.94 um 20.30
Uhr ein Kind Gottes geworden. Cool. Hanns Wolfsberger».

Und darunter: «Für Dad: Eine halbe Stunde vorher ich
auch. Cool. Heiner.»

47 | Das tiefe Wort

Ein auswärtiger Referent hält Passionsandacht auf dem
Missionsberg.

Er sagt: «Ich beginne den Abend mit einem Wort, das
ich mir ganz tief eingeprägt habe ... Ähm ... (Stille) ...
Ähm ... (lange Stille) ... Ähm ... (sehr lange Stille) ...»

Dann: «Jetzt habe ich es mir wohl so tief eingeprägt,
dass es gar nicht mehr hochkommen will ...»

Heiner ist von diesem Satz so beeindruckt, dass er ihn
im Französisch-Unterricht wieder verwendet. Darauf

muss der Lehrer so lachen, dass er ihm die nicht gelernte Vokabelaufgabe verzeiht ...

Versprecher | 48

Meine Familie und ich sind zu Gast in einer Kommunität. Wahrscheinlich, um mir Ehre zu erweisen, bittet man mich um eine Lesung bei der Gebetszeit. Psalm 116. Ein Vers darin heißt in einer mir fremden Übersetzung: «Denn du hast meine Seele vom Tode errettet, mein Auge von den Tränen, meinen Fuß vorm Sturz.» Meine Kinder und die jüngeren Schwestern kichern schrecklich. Sie behaupten bis heute, ich habe gelesen: «... meinen Furz vorm Sturz.»

Ein Konfirmand soll einen Bibeltext vorlesen. Dieser beginnt mit den Worten: «Jesus sprach: Wahrlich, wahrlich, ich sage euch ...» Der Konfirmand liest: «Jesus sprach: Wahrscheinlich, wahrscheinlich, ich sage euch ...»

Im Gottesdienst ist Anbetungszeit. Wir singen gute Lieder: «Würdig das Lamm, das geopfert ward ...» Unsere kleine Tochter Doro macht von Herzen mit, ist aber so früh am Morgen noch nicht ganz bei der Sache. Man hört sie singen: «Fröhlich das Volk, das geschlachtet ward ...»

49 | Zahlen zählen

Versteckspiel im Garten mit der Familie. Sven, unser Ältester, muss zählen. Er trägt Simeon, seinen jüngsten Bruder, drei Jahre alt, auf dem starken Rücken. Sven zählt: «15, 16, 17, 18, 19 ... und die letzte Zahl heißt?»
– Darauf Simeon im Brustton der Überzeugung: «Drei!»

Als Hanns vier Jahre alt ist, lernt er bis 1000 zu zählen. Ein großes Erlebnis, als er erstmals damit fertig ist. Am Abend vor dem Einschlafen will er den Versuch wiederholen, ist aber schon zu müde dafür. Bei 469 sagt er zu seiner Mama: «Merk dir's, damit ich morgen nicht wieder von vorne beginnen muss.»

Der 27. September 1995 | 50

Tagebucheintrag: «Unsere Tochter Hanna verlässt das
Elternhaus. Sie reist heute nach Israel ab, wo sie für ein
Jahr leben wird ... Und danach? ...»

Hanna geht. Sie, die noch bis vor kurzem täglich auf
dem Klavier «ihr Stück» übte für ihr Abi (Leistungskurs
Musik), die meine Hilfe suchte für ihre Reli-Note, die
ständig Papas Auto brauchte, die einen solch guten Einfluss hatte auf ihre jüngeren Geschwister, die Kritik stets
an den Rand der Fassung brachte, die ein «Papa-Fan»
war ... Hanna eben, ist nicht mehr da.

Am Flughafen gibt sie uns Eltern noch ein Feedback:
«Bleibt so, wie ihr seid; es gibt nix Besseres als euch!»
Ein Wort tiefer Wahrheit ... Dann verschwindet sie mit
Tränen in den Augen in Richtung Gate B11 nach Paris
und von dort nach Tel Aviv.

Als ich wieder daheim bin, packt es mich: Ihr Zimmer
riecht noch nach ihr. Da steht noch ihr Schulranzen, ihr
Schreibmäppchen liegt auf dem Schreibtisch, die geliebte Stereoanlage, die Schubladen der Kommode ...
ich ziehe sie ein wenig auf, sie waren doch immer ein
wenig offen ...

Ein Bild von ihr hängt im Flur, und aus dem Terminkalender fällt mir ein Zettel entgegen: «In Liebe gebügelt, Deine Hanna!»

Die inneren Vorgänge sind stark. Sie bestimmen den Tag. Ich gehe wehen Herzens durch die Räume. Immer wieder sitzen welche aus der Familie beieinander. Wir reden mit den Kindern über den Schmerz. Heiner weint ein bisschen bei der Vorstellung: «Nun sitzt Hanna in ihrem Zimmer, weit weg, zupft vielleicht ein wenig auf ihrer Gitarre und denkt an uns.»

Man sagt, Abschiednehmen sei ein bisschen wie Sterben. Vielleicht ist da was dran.

Jedenfalls sitzen in unseren Lachfältchen, ganz hinten versteckt, ein paar echte Tränen … Bis das Telefon klingelt und Hanna anruft, bis der Hund in die Wohnung kackt, die Zwillinge einander an den Haaren ziehen und ich mich vorbereite für ein Frauenfrühstück: «Vater, Christ und nicht verzweifelt» …

Bärbel und Witze | 51

Zu den ganz wenigen Nachteilen meiner Frau gehört dieser: Sie versteht die einfachsten Witze nicht. Ein Beispiel: Am Mittagstisch, eine Nachbarin ist auch dabei, erzähle ich:

«Helmut Kohl kommt zu Papst Johannes Paul II. Er sagt: ‹Das ist aber schön, Herr Papst, dass ich Sie gerade an Ihrem Namenstag besuchen kann.› Der Papst ist erstaunt: ‹Aber heute ist doch weder der Namenstag von Johannes noch von Paul?› Kohl: ‹Aber heute ist der Zweite.›»

Hier endet der Witz eigentlich, und man kann mit dem Lachen beginnen. – Stattdessen: Denkpause am Küchentisch.

Dann die Nachbarin: «Aber heute ist doch gar nicht der Zweite.» – Neue Denkpause.

Dann meine Frau: «Dann war der Kohl auch nicht beim Papst.»

52 | «Alte, komm!»

Stuttgart im Dezember. Weihnachtsmarkt vor dem Rathaus. Mit meiner Frau schlendere ich zwischen den Buden hindurch.

Vor wenigen Tagen hat sie sich einen hübschen Mantel gekauft. Er steht ihr prächtig. Er darf heute mit.

Im Getümmel verliere ich meine Frau aus den Augen. Als ich es bemerke, gehe ich zurück, um sie zu suchen. Endlich sehe ich sie: Sie beugt sich tief über einen Stand. Ich warte geduldig hinter ihr. Lang und geduldig. Außerordentlich lang und geduldig. Schließlich aber doch ungeduldig. Ich klopfe ihr freundlich auf den Po und sage: «Komm, Alte, wir gehn!»

Da dreht sich der Mantel um. Er enthält eine völlig fremde Frau. Mich trifft schier der Schlag. Wortwörtlich. Denn ums Haar hätte sie mir eine gescheuert …

Ob es besser gewesen wäre, wenn ich nicht «Alte» gesagt hätte?

Mission und Gemeindeaufbau | 53

Von Emil Brunner, dem Schweizer Theologen, gibt es die Aussage: «As a fire exists by burning, so the church exists by mission. A church does not exist for itself, but for the world.»

Frei übersetzt: Wie ein Feuer Glut und Flamme braucht, so braucht eine Gemeinde die Mission. Eine Gemeinde lebt nicht für sich selbst, sondern für die Welt.

Wenn Mission von allem Anfang an *das* (!) Herzensanliegen Gottes ist, dann muss sich das im Gemeindeleben widerspiegeln. Es geht um Mission auf allen Ebenen, vor Ort und in aller Welt.

Und so könnte es irgendwo anfangen:

Zehn, zwanzig oder fünfzig Personen bzw. Häuser laden zu einem Abendessen ein, zu einem Ausflug oder zu anderen Aktivitäten. Wir bieten an: fröhliche Gastfreundschaft. Und irgendwann kommt ein zehnminütiger Beitrag: «Was Ostern für mich bedeutet.» Oder: «Was unsere Kirche mir bedeutet.» Oder etwas Ähnliches.

Ausprobieren!

Es warten mehr Menschen darauf, auf Gott angesprochen zu werden, als wir ahnen.

Und warum nicht an Pfingsten oder im Herbst zu einem großen Missionsfest gehen – nach Liebenzell zum Beispiel?

54 | Kirche – Was es nicht alles gibt

Was gibt es nicht für verschiedene Kirchen und Gemeinden in der Welt! Im Laufe der Jahre habe ich einige davon kennen gelernt: Ekstatische Gemeinden in Neu-Guinea: Die Alten hüpfen auf der Stelle. Haustiere gehen ein und aus. Arme Hausgemeinden in China: voller Ernst und Lerneifer. Leere Gemeinden in Europa: Das Platzangebot steht in keinem Verhältnis zur Besucherzahl. Stark gesetzliche Gemeinden in Afrika: Härte steuert und prägt das Miteinander. Ungelehrte Gemeinden in Südamerika, überalterte Gemeinden in Sibirien, Gemeinden mit sonderbaren Auswüchsen in England, verrückte, überdrehte, stagnierende, sterbende Gemeinden. Und: zerstrittene Gemeinden rund um die Welt …

Und all das gibt es auch im Mikrokosmos Deutschlands. So, wie es auch das andere gibt:

Treue und hingegebene Gemeinden in Russland, obwohl als Kirchenraum nur eine Fahrschule zur Verfügung steht. Warmherzige Gemeinden in Norddeutschland, in denen der Einzelne eingebettet wird in Zuwendung und Hilfe. Kleine Gemeinden in armen Ländern, aber sie verstehen es, Gott zu feiern. Wachsende Gemeinden in Asien, wo Menschen in Scharen angezogen werden ...

Wer ein fest geronnenes Bild von Kirche und wie sie «eigentlich sein müsste» im Kopf hat, findet weltweit Tausende von Gründen, sich von anderen Christen zu trennen. Erstaunlich ist nur: Ein Suchender kann weltweit auch an tausend Plätzen zum Frieden mit Gott finden. Und überall auf der Welt gibt es irgendwo Schwestern und Brüder im Glauben. Denn irgendwie hält Gott zu seinem Haufen.

In Ermatingen, gegenüber der Reichenau, steht eine alte Dorfkirche. Diese Kirche wird seit 1529 von beiden Konfessionen benützt. Das ist wirklich erstaunlich. Ihr Schmuckstück ist der Schluss-Stein im Deckengewölbe der Seitenkapelle:

Dort schaut ein lächelnder Christus herab.

Er lächelt, als habe hier der Geist des Evangeliums gesiegt ...

55 | Kirchengesicht

Der junge CVJMer ist erst 17 Jahre alt. Eine heimtückische Krankheit hat ihn aufs Sterbebett gelegt. Er liegt in einem Stuttgarter Krankenhaus. Das Elend ist so groß, dass ihn nicht mal seine Eltern mehr besuchen. Nur eine alte Diakonisse kommt noch. In den fieberschweren Nächten wacht sie an seinem Bett. Sie kühlt seine Stirn. Sie hält ihm die Hand. Einmal beugt sie sich über den Bub. Er hat Angst vor dem Sterben. Da zeigt sie ihm ihre Brosche mit dem Kreuz.

«Was ist das? Weißt du das?»

«Ja», sagt er.

«Das ist Jesus.»

«Und der ist für dich. Für dich da.»

Als der Junge später doch noch gesund wird, da sagt er: «Im Gesicht dieser Diakonisse habe ich das schöne Gesicht meiner Kirche gesehen.»

Solange es solche Menschen in meiner Kirche gibt, halte ich zu ihr.

Mein Bischof | 56

Ich habe großartige Bischöfe gehabt. Der erste, seitdem ich Theologe bin, war Helmut Claß. Ich habe ihn im Ruhestand in Möhringen besucht:

Seine Frau und er sind schon über 80 Jahre alt, beide nur noch auf einem Auge sehfähig, sie haben viele Schmerzen. Er hat für mich Brezeln geholt, obwohl ihm das Gehen schwerfällt. Wie zuvorkommend bedienen sie den Gast ...

Alles an Helmut Claß ist weise, weit, vornehm und bescheiden. Im Gespräch nimmt er sich ständig zurück. Er will nicht ausführlich werden, ja nicht belehren. Er verweist viel auf Bücher anderer, vor allem von Theo Sorg, seinem Nachfolger. Kein Wort über sein eigenes Schrifttum.

Als er Moltmanns «Kirche in der Kraft des Geistes» erwähnt, ist er gleich besorgt, ob er damit wohl Liebenzeller Gefühle verletze ...

Es ist so viel Freigebendes, Rücksichtsvolles und Großmütiges an ihm.

Ich habe aus jenem bewegenden Gespräch mit ihm u. a. die folgenden Sätze notiert:

- Der Leib Christi nach 1. Korinther 12 ist kein Bild, sondern eine geistliche Wirklichkeit. Man soll die verfasste Kirche und die unsichtbare Kirche nicht auseinander reißen.
- Nach Luther: Der arme Christus schafft sich durch arme Knechte eine arme Kirche. Und diese liebt er. Tun wir's ihm nach.
- Es ist eine große Not (nach Bonhoeffer), wenn die Kirche von vorletzten Fragen bestimmt ist und nicht von den letzten, den ewigen.
- Was er als Bischof heute anders machen würde? Er würde akzentuierter, dringlicher, biblischer reden. Ohne Rücksicht auf Widerspruch. Und er würde darauf achten: Viel mehr lieben! Viel mehr aufeinander hören!
- «Und wer sagt, dass er Jesus lieb hat, der ist mein Bruder, auch wenn ich in tausend Dingen anders denke als er.»
- Es sei sehr schade, dass wir in der evangelischen Kirche kein Beichtinstitut mehr haben. In einer Zeit der Orientierungslosigkeit ist die Beichte so nötig.
- Wir müssen als Pfarrer und Prediger immer wieder Apostelgeschichte 2,42 predigen, im Blick auf die Zertrennungen 1. Korinther 1–3 beachten und es zu jeder Zeit für Sünde halten, wenn Menschen uns dennoch auseinanderbringen wollen.

In aller körperlichen Schwachheit begleitet er mich zum Auto und winkt, bis ich außer Sicht bin …

Lauter gute Bischöfe habe ich gehabt. Helmut Claß war einer von ihnen.

Dankbarkeit | 57

Die kleinste Übung zur inneren Klärung heißt:
«Danke.»
Geh umher, schau und höre, und sage zu allem, was in dir und um dich ist: «Danke.»
Dieses Wort führt in eine unermessliche Weite.

Paul Deitenbeck dankte

- Gott für seine Frau, Kinder, Mitarbeiter, Nachbarn,
- seiner Frau per Handschlag für die Mahlzeiten,
- den Menschen im Dienstleistungsbereich: Aus dem Urlaub schrieb er eine Karte an die Müllmänner zu Hause, an den Postboten, an den Hausarzt, an den Lebensmittelhändler, an den Friseur, an die Mitarbeiter des Postamtes und der Sparkasse, an andere Verkündiger des Evangeliums.

Er bedankte sich

- im Restaurant bei der Bedienung (einschließlich eines ordentlichen Trinkgeldes) sowie bei der Küche,
- nach einer Zugfahrt beim Zugführer und beim Lokführer für die gute Fahrt.

Er war der Ansicht:

- «Dankbare Menschen haben eine ansteckende Gesundheit. Ich glaube fast: Ansteckende Krankheiten gibt es genug.»
- «Gott will Gnade geben, dass wir in Dankbarkeit wachsen vom Schönen bis zum Schweren. Und wenn ich ihn nicht verstehe, dann werfe ich ihm dankend meine Fragezeichen in die Hände.»
- «Danke, Vater, dass ich zu dir Abba sagen darf. Dass ich dein Kind bin. Für dein ewiges Heil, für die Schöpfung, die Erlösung und die Vollendung. Für deine durchtragende Liebe seit meiner Geburt. Für tausend Freundlichkeiten. Auch für die Traurigkeiten, Sehnsüchte, Sorgen, Anfälligkeiten.»
- «Im Familienkreis danken wir jeden Morgen dafür, dass wir Gott gehören dürfen, dass wir Frieden haben, dass wir einander haben, für die fünf Sinne, für Nah-

rung, Kleidung, Wohnung, Wärme, für das Evangelium, für die Lobgesänge der Christenheit, für die Bibel, für Menschen mit ansteckendem Glauben.»

Wer dankt, wird weit, großmütig, freigebig. Das ist die Frucht, von der sogar andere noch was haben. Ich habe in Jahren nie einen Handschlag von Paul Deitenbeck bekommen, ohne dass ein Geldschein drin war …

Dahinter | 58

Ich mag Transparente. Im Advent stelle ich sie auf. Sie verweisen auf mögliche Geheimnisse hinter unserem Ergehen.

Dieses Transparent zum Beispiel: Maria und Josef unterwegs. «Mitten im kalten Winter». Die Kerze hinter dem Bild macht, dass die beiden aufs Licht zugehen. Ob sie es mitkriegen? Sie sind ganz mit dem Vordergründigen beschäftigt. Mit Schnee, Wald und Kälte. Das Licht von hinten erinnert aber an das Gleichzeitige: Jeder Schritt bringt sie der Gottesstunde näher. Der erfüllten Zeit. Dem Bethlehem Gottes. Den Engeln der Anbetung. Und während Maria noch seufzt und Josef den Esel antreibt, ist im Himmel schon alles mit den Vorbereitungen beschäftigt. Der Himmel ist schon im Aufbruch ...

So ist das doch in meinem Leben auch. Hintergründig laufen schon gute Vorbereitungen, für mich und mein Gedeihen. Er hat seinen Engeln schon befohlen ... (Ps 91,11).

59 | Die Heilung des Blinden

«Und sie kamen nach Jericho. Und als er aus Jericho wegging, er und seine Jünger und eine große Menge, da saß ein blinder Bettler am Wege, Bartimäus, der Sohn des Timäus. Und als er hörte, dass es Jesus von Nazareth war, fing er an, zu schreien und zu sagen: Jesus, du Sohn Davids, erbarme dich meiner! Und viele fuhren ihn an, er solle stillschweigen. Er aber schrie noch viel mehr: Du Sohn Davids, erbarme dich meiner! Und Jesus blieb stehen und sprach: Ruft ihn her! Und sie riefen den Blinden und sprachen zu ihm: Sei getrost, steh auf! Er ruft dich! Da warf er seinen Mantel von sich, sprang auf und kam zu Jesus. Und Jesus antwortete und sprach zu ihm: Was willst du, dass ich für dich tun soll? Der Blinde sprach zu ihm:

Rabbuni, dass ich sehend werde. Jesus aber sprach zu ihm: Geh hin, dein Glaube hat dir geholfen. Und sogleich wurde er sehend und folgte ihm nach auf dem Wege.»

– Markus 10,46–52

Seltsam, dass ausgerechnet der Name dieses Hilfsbedürftigen für alle Ewigkeit aufbewahrt wird!

Wo doch die Schwachen sonst untergehen. Ein waches Ohr für Gottes Kommen – das hat seine Not aus ihm gemacht! Geschärfte Wahrnehmung, ohne etwas zu sehen.

Er weiß sich dem Himmel mitzuteilen. Nicht «Hallo», sondern von Herzen. Das Herzensgebet: «Jesus, du Sohn Davids, erbarme dich meiner!»

Viele Gesunde haben keinen Raum für eine Gottesgeschichte. Darum wird ihnen das Rufen der Hilfsbedürftigen lästig.

Ein normal-pietistischer Kranker hätte nach den Drohungen der anderen wahrscheinlich geschwiegen. «Er aber schrie noch viel lauter …»

Jemand sagt, das sei für ihn die schönste Stelle im Evangelium: «Und Jesus blieb stehen.» Da muss er eine ganze Welt erlösen, aber wenn einer nach ihm schreit, bleibt er stehen.

Jesus fragt Bartimäus: «Was soll ich dir tun?» Eine frühe Handschrift lässt den Blinden antworten:

«Herr, dass ich dich (!) sehen kann.»

Was muss in der Seele des Verfassers vorgegangen sein, dass er dieses Wörtlein «dich» absichtlich oder unabsichtlich hinzugefügt hat?!

60 | Aufbruchsfähig

Wenn mich nicht alles täuscht, ist in Zukunft ein anderer Typ von Pfarrer, Prediger und Missionar gefragt als früher. Ganz verkürzt gesagt: Bisher hat es bisweilen gereicht, wenn einer «über» Gott reden konnte. Ja, wenn er nur einigermaßen reden konnte.

Der kommende Typ wird einer sein müssen, der den Weg zu Gott auch zeigen kann, und zwar, weil er ihn selbst geht. Leute, Typen wie die Hirten von Bethlehem, hat Alfred Delp mal gesagt, die noch gesund genug sind, Tatsachen auch mal Tatsachen sein zu lassen, und die aufbrechen können, selbst wenn die Berechnungen ihrer Tabellen und die Erfahrungen ihrer Praxis dagegen sprechen. Leute mit einer «schlichten Gesundheit des Herzens, mit einer wachen Lebendigkeit der Seele,

mit einer inneren Behändigkeit des Geistes, die auf-
zubrechen verstehen, wenn der Himmel spricht. Dieser
Typ fehlt uns.»

Was bleibt | 61

Verabschiedungen in den Ruhestand sind mir nie leicht
gefallen. Jedes Mal, wenn ein langjähriger Mitarbeiter
seine Dienstzeit beendet, empfinde ich Trauer und Verlust. Wie viel Treue, Durchhaltevermögen, Lebenskraft,
Humor und großartige Befähigung geht mit manchen
Schwestern und Brüdern weg, wenn sie gehen. Name
über Name wäre zu nennen, alle mit großen Verdiensten
verbunden …

Zwei Abschiede sind mir aber in besonderer Erinnerung geblieben: Diesen beiden wurde ebenfalls alles
bescheinigt, was von einem braven Christen gesagt
werden kann: Du bist fleißig gewesen, du hast Glauben gehalten, du hast dein Herz eingesetzt …

Aber dann kam bei diesen zwei Brüdern noch etwas.
Ihnen wurde «Liebe für andere» attestiert. Das ist etwas
Seltenes bei Abschieden gewesen. Und es ist ja auch et-
was ganz Großes, wie Paulus sagt (1. Korinther 13,13).

62 | Weitergehen

«Ob einer etwas taugt oder nicht, in der Wüste kommt das unfehlbar heraus», schreibt Sebastian C. Brant über Charles de Foucauld.

«Wer durch die Lüneburger Heide wandert, hat Grund zur unbeschwerten Fröhlichkeit. Er kann zu spät aufbrechen, kann seinen Hut vergessen, kann nach links abbiegen statt nach rechts, kann mit einem Wort meditieren statt aufzupassen – die Landschaft ist von schönster Folgenlosigkeit. Es geschieht ihm nichts. Schon in den Alpen ist das anders. Ein Irrtum in der Zeiteinteilung wird da zur Gefahr. Die Wüste ist Hochgebirge in Potenz. Ob einer etwas taugt oder nicht, in der Wüste kommt das unfehlbar heraus.»

In den Lebenswüsten ist das ähnlich. Wenn unheimliche Kräfte nach einem greifen: Verletztheiten, Stimmungen, Geltungsbedürfnis, Krankheiten, Angst, Alter, Eifersucht oder Machtempfinden – dann merken andere, «was einer taugt oder nicht».

Für mich selbst möchte ich hier wenigstens wachsam sein, so gut es geht. Wie ich zeitweise bestimmte Genussmittel meide, um von ihnen unabhängig zu bleiben, so möchte ich immer wieder auch von anderen Dingen bewusst die Finger lassen: von der Gewöhnung an Anerkennung, von Sicherheiten, von Einfluss und damit auch von Macht.

«Weitergehen» ist mir ein wichtiges Lebenswort geworden. Weitergehen wie Israel in der Wüste. Die schönste Wasserquelle unterwegs – war nicht Kanaan. Ein dicker Bauch voll Wachteln und Manna war nicht «das Land, in dem Milch und Honig fließt».

Weitergehen heißt, das Loslassen bejahen wollen. Nicht immer können, aber wollen. Und das Wollen ein wenig üben.

«Nachfolge ist Verlassen von Sesshaftigkeit», hat Claus Westermann in meinem ersten Semester in Heidelberg gesagt. Und Jörg Zink gibt zu bedenken: «Am Ende des Lebens sind nur noch die kleinen Dinge des Herzens wichtig.»

Ich hab's nicht zu bereuen | 63

Heimreise von einer wunderschönen Freizeit in Finnland: Auf dem Schiff herrscht lustiges Leben unter den jungen Leuten. Mit ihren Liedern und Streichen unterhalten sie alle Passagiere.

Eine ältere Diakonisse betrachtet das Treiben. Wird sie die jungen Menschen in ihrer ganzen herrlichen Freiheit und Unbekümmertheit wohl beneiden? Ich komme neben sie zu stehen, und aus irgendeiner (wie ich heute denke) ungebührlichen Laune heraus frage ich sie: «Schwester, wenn Sie es noch mal zu tun hätten, würden Sie dann wieder Schwester werden?»

Da sagte sie mir in herzlichster Freundlichkeit das folgende Gedicht und schickte es mir später zu:

Ich hab's nicht zu bereuen,
dass ich dem Herrn gedient,
der für mich hat gelitten
und meine Schuld gesühnt.

Ich hab's nicht zu bereuen,
dass ich mich ihm geweiht,
der mein vergänglich Leben
erfüllt mit Ewigkeit.

Ich hab's nicht zu bereuen,
dass ich ihm ganz vertraut,
auf keinen anderen Felsen
hätt ich so fest gebaut.

Ich hab's nicht zu bereuen,
dass er mich hat geführt,
wie hab in aller Schwachheit
ich seine Kraft gespürt.

Und warf mein Lebensschifflein
der Sturm bald her, bald hin,
er hielt die Hand am Steuer,
führt' mich zum Hafen hin.

Und hätt ich hundert Leben
und lebt' ich tausend Jahr,
ich wollt sie alle legen
dem Herrn auf den Altar.

Bald geht mein Tag zu Ende,
schon leuchtet Abendschein,
und wird mein Herze brechen,
bin ich auf ewig sein.

Das Beste
aus meiner zweiten
«Brösel»-Sammlung

Vorwort zur zweiten «Brösel»-Sammlung

Dieses zweite Büchlein ist wirklich nichts Besonderes. Es enthält – wie schon im ersten Band – Momentaufnahmen, Eindrücke, kleine Geschichten – etwas, das zu mir gehört, zu meiner Art von Leben und Glauben und zu den Menschen bei mir. Wieder ist es eine Mischung aus allem Möglichen. Auch ein paar Zitate sind dabei, die mir helfen, meine eigene Lebensgeschichte zu deuten. Die Reihenfolge folgt nicht immer einer inneren Logik. Muss auch nicht sein. Brösel auf dem Teller liegen auch kreuz und quer. Wann immer Sie welche aufpicken, wünsche ich Ihnen «Guten Appetit».

Hanspeter Wolfsberger, 2007

Da kommt es her | 64

Ich habe von Kindheit an Übergewicht. Mal mehr, mal weniger. Jetzt endlich bin ich auf die Anfänge gestoßen. Als ich etwa neun Jahre alt war, wollte ich mit meinem Freundle mal rauchen. Mit Schlingpflanzen hatten wir es schon probiert, aber das war nix. Eines Tages geriet ich an 40 Pfennig. Das gab vier «Rössle-Stumpen», also Zigarren. Mit polterndem Herzen und erdschlechtem Gewissen habe ich sie gekauft. Dann lagen wir zwei versteckt in einer Rebfurche und haben die Stumpen geraucht. Jeder zwei.

Mangels Knete musste ich mich aber anschließend aus dem Raucherdasein wieder verabschieden. Entziehen, sagt man da. Und viele Raucher wissen: Nach einer Entziehung nimmt man zu. Seither habe ich Übergewicht.

65 | Lebertran

Als Bub lernte ich Lebertran kennen. Kanisterweise. Richtigen, echten, ekligen. Er stand vor dem Fenster, abgepackt in Flaschen, eingepackt in eine schwarze Wollsocke, denn echter Lebertran liebt es dunkel. Ich weiß, warum. Solch ein Lebertran schmeckt furchtbar. Ich nahm den jeweiligen Kampf gegen das Erbrechen eigentlich nur deshalb auf, weil meine Mutter mit groben Versprechungen agierte. Hauptversprechen: «Wenn du Lebertran nimmst, wirst du stark wie ein Munie.» – «Munie» ist alemannisch und bedeutet «Ochs». Und das war schon was für einen 6-Jährigen!

Munie-Kraft hätte ich vor allem deshalb brauchen können, weil neben uns ein Nachbarbub wohnte, vier Jahre älter und einen Kopf größer als ich. Körperlich also eine andere Liga. Das war schon hart, aber es kam noch schlimmer: Er war auch katholisch. Nicht dass ich als Bub gewusst hätte, was das eigentlich ist, katholisch, aber es musste etwas Schlechtes sein. Beweis dafür: jene üblen Samstagsgespräche.

Immer samstags, wenn ich zu Hause den großen Hof kehren musste, kam nämlich der Kollege aus der Nachbarschaft von der so genannten Vorabend-Beichte, wie er mich belehrte. Er lehnte am Hoftor, schaute mir beim Kehren zu und verhöhnte meine Ohnmacht, als Nicht-Katholik meine Sünden loszuwerden. Ich hatte von «Sünde» zwar ebenfalls nur undeutliche Vorstellungen, ahnte aber auch hier, dass es etwas Schlechtes sein musste. Vor allem aber spürte ich eine schlimme Ungerechtigkeit: Er wird Sünde los – und ich nicht.

Eines Samstags habe ich ihn dann vor dem Hoftor verdroschen. Der 6-Jährige den 10-Jährigen. Und wie! Damit war zwar die Sache mit der Sünde nicht geregelt, aber die Kraft von Lebertran war eindeutig bewiesen.

Meine erste Liebe | 66

Mit sechs Jahren war ich zum ersten Mal verliebt. Ein bisschen früh, das ist wahr. Mein Herzensschwarm hieß Brigitte, war in der achten Klasse und ungefähr doppelt so hoch wie ich.

Aus diesem Problem entstand die Frage: Ob Brigitte mich überhaupt wahrnimmt?

Eines Tages sah ich die Chance zur Verdeutlichung meiner ernsten Absichten: Ich kam gerade aus der Schule – 1. Klasse, die Schiefertafel im Ranzen –, und auf dem Heimweg ging Brigitte neben mir. Wie konnte ich ihr zeigen, was für ein Kerl ich war? Frauen suchen doch mutige und starke Typen. Da erkannte ich meine Chance. Direkt vor mir: ein anderer Achtklässler, mindestens zwei Köpfe größer als ich. Er trug langes Haar, damals noch ein Zeichen von Verwahrlosung.

Den griff ich an. Von hinten. Ohne Vorwarnung. Ich packte ihn an seinen Haaren und zog ihn zu Boden. Nun lag er zu Brigittes Füßen: eine zappelnde Demonstration meiner Liebe und meines Muts.

«Was sie jetzt wohl sagt?»

Ich erfuhr es nicht. Denn der Achtklässler stand wieder auf und verdrosch mich nach Kräften. – Und Brigitte?

Sie ließ mich da liegen und ging weiter. Da starb meine Liebe, und ich blieb jahrelang solo.

67 | Stimmwechsel

In Salt (Südtirol) war Jugendfreizeit. Heißer Sommer, tolle Landschaft, prächtige junge Leute, es war alles gut. Nur eines war schlecht: Die Schlafzimmer lagen genau über dem Hühnerhof. Und diesem stand ein fetter Gockel vor. Der schrie jeden Morgen bei Tagesanbruch. Nein, *vor* Tagesanbruch. Eigentlich vor, während und nach Tagesanbruch.

Einem Teilnehmer brannte am dritten Tag die Sicherung durch: Er nahm sein Kopfkissen und warf damit nach dem Hahn. Der war irritiert und schwieg. Am nächsten Morgen schrie er wieder. Und wieder flog ein Kopfkissen. Da dieses den Hahn verfehlte, schwieg er auch nicht. Und wieder kam ein Kissen.

Mittlerweile waren viele Jugendliche wach. Und warfen alle nach dem Hahn. Der Hühnerhof war übersät mit weißen Kopfkissen. Und was soll ich sagen: Der Hahn war still. Dafür schrie kurze Zeit später die Gastwirtin. Das war noch schlimmer als der Hahn. Aber nun hatten wir keine Kissen mehr.

Eine andere Welt | 68

Manchmal vergessen wir Christen, was es bedeutet, wenn jemand von «draußen» zu uns kommt. Ich erinnere mich, wie es bei mir war.

Mit etwa 17 Jahren gründete ich mit Freunden eine Band. Damals gab es «The Beatles», «The Rolling Stones» und uns. Man munkelte, dass wir die Besten waren.

Wir hießen «The the», weil uns nach wochenlangem Grübeln außer dem Artikel «The» einfach kein zweites englisches Wort einfiel.

«The the» hatte eine schlichte Ausrüstung: eine alte Wandergitarre, eine sehr alte Laute, den jeweils neu herausgeschraubten Tonabnehmer von Omas Radio, ein geliehenes Schlagzeug, verschiedene Heimwerker-Rhythmus-Instrumente und unsere Stimmen. Das heißt: Zwei von uns Fünfen hatten Singverbot, weil sie den Ton nicht halten konnten. Noten lesen konnten wir alle nicht. War auch nicht schlimm, denn wir hatten eh keine. Dafür traten wir frühzeitig ins Gespräch ein mit mehreren Gasthäusern, in welchen wir Konzerte machen wollten. Und da wir ungeniert von diesen kommenden Events plauderten, stieg eine beträchtliche Erwartung um uns her. Tatsächlich übten wir aber in all den Monaten nur an einem einzigen Lied: «House of the Rising Sun.» Wir konnten einfach kein anderes.

Die Verfeinerung dieses einen Songs brauchte lange Wochen und ziemlich viel Bier. Tonbandaufnahmen jener Zeit hatten noch Jahre später ausgesprochen therapeutischen Wert ... Lachen ist derart gesund, das ist bewiesen: Wir waren damals nie krank.

Was ich aber sagen will: Kann jemand ermessen, wie

das in jener Zeit auf mich wirkte, als ich zum ersten Mal in einer christlichen Gruppe war und sang: «Welch ein Freund ist unser Jesus» (aus «Jesu Name 1»)? Das war sprachlich, inhaltlich und musikalisch wie Kisuaheli.

Das will ich bedenken, wann immer ich das Zögern von Zeitgenossen spüre, meine Gottesdienste zu besuchen. Es ist vieles so fremd für sie. Fremd wie Kisuaheli.

PS. Apropos «House of the Rising Sun»: Ich kann das Lied heute noch. Erst spät allerdings erfuhr ich vom tatsächlichen Inhalt dieses Liedes, nämlich dass jenes «House» ein Freudenhaus meint. Ich erfuhr es so:

Als ich zu Beginn meiner Tätigkeit in Liebenzell eine Missionsreise in die Südsee machte, klimperte ich auf der Insel Tol dieses Lied. Darauf sagte ein amerikanischer Missionar: «Spätestens jetzt ist mir klar, dass in Liebenzell eine neue Zeit anbricht ...»

Bundeswehr | 69

Weil man bei der Bundeswehr mit meiner sanften, friedfertigen Art nicht so recht umzugehen wusste, versuchte man bei mir neue Begabungen zu entdecken. Als Abiturient war ich technischer Offiziersanwärter und wurde vorgesehen, ein Praktikum bei der Firma Siemens zu absolvieren. Das hieß, zunächst acht Wochen am Schraubstock feilen lernen, wunderschöne grobe Eisenstücke zu Zettelkästen und Würfeln deformieren und bei erkennbarer Minimalbegabung in der Gießerei weiterarbeiten. Damals habe ich gelernt, wie man Menschen auch einteilen kann: zum Beispiel mit dem «Haarlineal», je nachdem, ob einer gut gefeilt hat oder nicht.

Ich war in jenen Wochen viel auf dem Klo und weiß heute noch, welche Bücher ich dort gelesen habe. Und dennoch:

Trotz aller Fehlleistungen, die ich produzierte, hat das Verteidigungsministerium nie aufgehört, mich für einen «Technischen» zu halten. In der Gießerei der Firma Siemens habe ich als einziger Soldat Deutschlands Mini-Bären von «Bärenmarke» aus Gusseisen produziert. Wehrtechnisch meines Wissens ohne Belang. Später habe ich jeden Tag 150 Soldaten einer Panzer-Instandsetzungskompanie durch die Kaserne geführt, nur um dann völlig ohne «Peilung» bis zum Feierabend in den Maschinenhallen zu stehen.

Schließlich kam die Krönung: Ich wurde zusammen mit einem anderen Offiziersanwärter, ebenfalls ein blindes Huhn, zu einer hoch verantwortlichen Sonderaufgabe abkommandiert: Wir beide sollten zur «Kompanie-Verschönerung» beitragen, das heißt, das Wohngebäude für 150 Soldaten in der Kaserne attraktiver machen.

In mehrwöchiger Arbeit haben wir daraufhin zwei leere Fässer aus dem Kompaniekeller angestrichen, schwarz-weiß und quergestreift, und diese anschließend in minutiöser Handarbeit mit edelstem und vor allem weit entfernt liegendem Waldboden gefüllt.

Als wir damit endlich fertig waren, positionierten wir die nun geranienbesetzten Schwarzweißfässer vor dem Haupteingang der Kompanie – ungefragt und gut gelaunt. Es gab keinen vergleichbaren Kompanie-Eingang in Deutschland.

Aber irgendetwas fehlte noch, und außerdem hatten wir noch weiße Farbe übrig. Da kam uns die Idee: Von den Fässern ausgehend zogen wir zwei lange gerade Striche in den Hof hinaus, dorthin, wo jeden Morgen das offizielle Antreten war. Jeder, der es kennt, weiß: Antreten passiert mit Ausrichtung der Stiefelspitzen am Nebenmann an einer möglichst geraden imaginären Linie. In der Regel werden Schlangengurken-Linien draus. Aber seit jenem Tag nicht mehr – wenigstens nicht bei einer bestimmten Instandsetzungskompanie in Stetten a. k. M. Dort ging das Ausrichten seit diesem Tag ratzfatz: Fußspitzen an die weiße Linie, Augen rechts auf die quergestreiften Geranienfässer – fertig ist der Lack!

Wir beide standen hinter den Fässern und sorgten durch einladende Bewegungen dafür, dass die Kameraden nicht nur ausgerichtet, sondern auch lustig blieben …

Dummerweise führte das eines Tages wieder dazu, dass die Bundeswehr nicht mehr genau wusste, was sie mit uns anfangen sollte. Das war schade. Aber unser Verdienst blieb: Als ich nach Jahren bei einem «Tag der offenen Tür» wieder in jener Kaserne zu Besuch war, entdeckte ich vor sämtlichen Kompanien lange, weiße Linien …

70 | Voll

Leistungsanreiz bei der Bundeswehr war nicht unbedingt: Wer ist der beste Soldat?, sondern: Wer ist die größte Rauschkugel? Ich bin vor vielem bewahrt geblieben, aber einmal war ich doch dabei:

In Neuburg a. D. war ich zum Lehrgang für Offiziersanwärter. In der Stube verband uns eine prächtige Kameradschaft. Der uns vorgesetzte Gruppenleiter, ein

Feldwebel, dagegen war – nun ja, schwer zu ertragen. In willkürlicher Weise plagte und mobbte er uns. Um uns die «Berechtigung» seiner Maßnahmen zu beweisen, löste er zum Beispiel mit dem Taschenmesser die Stopfen am Bettgestell und fand dort: «Dreck! Und bei solch einer verdreckten Bude wollen Sie heimfahren?»

Der Kompaniechef, ein Oberleutnant, war ein feiner Kerl, und einmal brachte mein Freund Reiner für ihn von zu Hause eine Flasche Schnaps mit. Einfach so, als Dank.

Doch dann kam dies: Es war ein Sonntagabend. Seit 20 Uhr hatten wir wieder in der Kaserne zu sein. Um 21 Uhr plötzlich: «Alarm!» Und dann setzte unser Feldwebel binnen einer halben Stunde eine Nachtübung an: Eilmarsch in die bayerische Pampa. Als ob man so Krieg übt! Als ob die Russen (das war damals der mögliche Feind) je am Sonntagabend um 21 Uhr angreifen würden! Da sind die doch auch müde!

Wir aber marschierten bis vier Uhr morgens durch die bayerische Dunkelheit. In die Kaserne zurückgekehrt, hatten wir einen riesigen Durst. Aber es gab nichts zu trinken außer dem chlorreichen Duschwasser. Dafür hatten wir einen Mordsfrust im Bauch. «Dieser Feldwebel!» Reiner hielt mir einen Zahnbecher des Getränks hin: «Ex!»

Es war der Schnaps für den Oberleutnant. Den Rest der Nacht werde ich nie vergessen. In einer plötzlich anschwellenden trunkenen Unternehmungsfreude beschlossen wir, die Kompanie gegen die erst später von der Russenjagd eintrudelnden Kameraden zu verteidigen. Dazu versammelten wir sämtliche Feuerlöscher-Hochdruckwasserspritzen des Hauses am Treppenabsatz des ersten Geschosses und setzten diese anschließend punktgenau ein.

Es kam zu Staus im Treppenhaus, zu überstürzten Turbulenzen zwischen Erdgeschoss und erstem Stock, es ging zu wie an den Niagara-Wasserfällen … und erst als der letzte Wassertropfen verschossen war, traten wir den Rückzug an und retteten uns in die leeren Schränke der Feuerlöscher. Ein gutes Versteck – eigentlich …

Allerdings hätte man uns dort leicht finden können, denn es lachte dort dermaßen laut heraus …

Beim Antreten dann um sechs Uhr fiel ich kopfüber in meinen Spind, wurde anschließend von den Kameraden auf der Ladefläche eines LKW abgelegt und schlief dort den Schnapsrausch aus. Es war der erste und der letzte meines Lebens.

Geld gespart | 71

Millionäre werden oft gefragt, wie es denn bei ihnen
einst begonnen habe mit dem Reichtum. Manche erzählen dann ihren Aufstieg vom Tellerwäscher usw. Bei mir
war das so:

Ich habe viel Geld gespart – durchs Skifahren. Ich bin
nämlich mein Leben lang so gut wie *nicht* Ski gefahren.
Wieso nicht?

Als junger Student drückte man mir ein paar gelie-
hene Skier in die eine Hand und eine Liftkarte für einen
Rentnerhang auf der Schwäbischen Alb in die andere
Hand. Mit großer Mühe schleppte mich der Lift den
Hang hinauf. Schon da hatte ich eigentlich genug: Eine
fremde Liftbeifahrerin ging unterwegs verloren – ich
habe sie aus der Spur gedrängt und ihr den Bügel unterm Hintern weggezogen …

Dann begann das Ski-Training. Ich hatte keine Ahnung von der Eigenwilligkeit einer Skiausrüstung, keinen Dunst von: «Wie fährt man eine Kurve?», oder gar
von: «Wie hält man an?» Hilflos fiel ich Stück um Stück
den Hang hinunter. Unten angekommen, trug ich die
Skier zum Lift und versuchte, einen möglichst cleveren
Eindruck zu machen. Das endete aber schon wieder

beim Bügel-unter-den-Hintern-Klemmen. Da war überhaupt keine Besinnlichkeit im Spiel. Das ging nur ratzfatz … und war gleich zu Ende: Bügel weg, ich lag am Start, ein fremder Mensch sagte etwas von «Lassen, wenn man's nicht kann».

Aber da packte mich doch der Ehrgeiz. Ich beschloss, diesen Skifahrtag nicht eher zu beenden, bis ich wenigstens eine Kurve fahren konnte: eine komplette, freiwillige Rechtskurve, abgeschlossen mit einem selbstbestimmten Halt.

Das übte ich den Rest des Tages: Oben am Hang die Richtung einstellen, dann den Hang abarbeiten in Form einer Rechtskurve. Es wurde immer perfekter. Am Abend war ich so weit, da sollte das Gesellenstück folgen: Rechtskurve über den gesamten Skihang, und auf der anderen Seite wieder ein Stück bergauf, zum Halt ohne Sturz. Ich fuhr mit dem letzten Lift hinauf. Es war niemand mehr da, außer dem Hang und mir.

Start. Schon etwa 100 Meter war ich gefahren, hatte die Ideallinie gefunden, da registrierte ich aus dem Augenwinkel eine Bewegung: Da war noch ein Skifahrer unterwegs!

Und während ich den Hang hinunter «schoss», hatte ich den starken Eindruck: Dieser andere Skifahrer, der fährt auch so wie ich. Nur hatte der gerade die

Linkskurve geübt. Der Rest ist schnell erzählt: Wir waren zunächst weit voneinander entfernt. Aber das änderte sich von Minute zu Minute. In der ganzen Zeit versuchten wir, die eigene Fahrt so zu kontrollieren, dass wir irgendwann cool aneinander vorbeifahren könnten, lässig grüßend. Aber der Gruß fiel sehr persönlich aus. Statt «Hi» riefen beide «Achtung!», dann fuhren wir voll ineinander hinein und überschlugen uns talwärts.

Danach hatte ich nur noch selten Skier angeschnallt. Und dadurch habe ich ... viel Geld gespart.

Noch mehr Geld gespart | 72

Wir waren wieder einmal auf eine neue Pfarrstelle gezogen. Nach den ersten Wochen erklärte mir mein Spiegel: Du musst zum Friseur. Ich fuhr in den Nachbarort, setzte mich in einen entsprechenden Salon und wartete. Nach ein paar Minuten war ich immer noch nicht angesprochen und betrachtete über den Zeitungsrand das Etablissement genauer. Ein riesiger Qualm im Raum, seltsame Gestalten, es wurden auch alkoholische Getränke ausgeschenkt: Eine für mich

117

neue Art von Friseur-Einrichtung? Die Friseusen waren luftig bekleidet, obwohl draußen November war. Und dann wurde ich gefragt, ob ich die Massage zuerst haben wollte ... Ich wollte nicht und verließ die Einrichtung, leicht verwirrt. Hatte ich da etwas verpasst? Hatte sich da eine Berufsrichtung geändert, und ich habe es nicht bemerkt?

Ein paar hundert Meter weiter entdeckte ich ein Schaufenster: große Frisuren auf großen Plakaten, ein üppiges Perückenangebot. Ich betrat das Geschäft und setzte mich mangels anderer Kundschaft gleich vor den Spiegel. Lange kam niemand, dann die Besitzerin, und diese sagte mir, das hier sei ein reines Damen-Friseur-Geschäft. Damit war die Sitzung auch hier beendet und ich wieder im Auto.

Meine Güte, ich brauchte nur jemanden, der mir die Haare schnitt! Sonst nix. Keine Massagen, keinen Wodka, keine Dauerwellen ...

Noch ein Friseurgeschäft. Ich trat ein. Eine der Haarschneide-Damen wies mir mit ausgestreckter Schere den freien Platz vor dem Spiegel. Links von mir arbeitete und schwätzte es an fremden Leuten – endlich ein ganz normales Friseurgeschäft!

Ich setzte mich auf den Friseurstuhl und lehnte mich zurück ... und schon ging die Post ab. Und zwar nach unten. Bei der ersten Berührung mit der Rückenlehne brach diese ab; sie fiel herunter – und ich gleich mit. Der Waschtisch war letzter Haltepunkt für die Beine. Ein kläglicher Anblick! Wer je dasselbe erlebt hat, kann mitfühlen. So hing ich da. Ein paar Kundinnen hatten erschreckt aufgeschrien – Lebenszeichen, die mir gut taten.

Mühsam zog ich mich wieder hinauf. Und es fiel mir etwas auf: Keine einzige der Bedienungen kam, um mir zu helfen. Im Gegenteil: Sie beugten ihren Kopf tief über ihre Kundinnen und bekämpften ein ständiges Prusten und Kichern. Was war das denn?!

Schließlich kam eine von ihnen herüber und fragte mit gespielter Anteilnahme, ob ich okay sei. «Ja, ja», sagte ich, «es tut mir nur leid wegen dem Sitz. Habe ich den jetzt kaputt gemacht?»

«Nein, nein», sagte sie, «diese Rückenlehne bricht jedes Mal ab.» – Da verließ ich den Stuhl samt Laden und zog heimwärts. Und danach ging ich für viele Jahre zu keinem Friseur mehr. Das Haareschneiden für die ganze Familie hat seitdem meine Frau übernommen – und dadurch haben wir erneut viel Geld gespart.

73 | Diplomatisch bauchgelandet

Zum Weihnachtskonzert in der Kirche war eine mir unbekannte Sängerin gekommen. Sie sang. Aber das hätte sie nicht tun sollen. Denn sie konnte nicht singen. Ihr Künstlername war Frau Bleulich. Es war grausam. Ich verkroch mich vor Gram hinter den Weihnachtsbaum. Unser Vikar besorgte die Schluss- und Dankesrede: «Wir bedanken uns auch herzlich bei der Sängerin dieses Abends, Frau Greulich ...» Da beschloss ich, für immer hinter dem Weihnachtsbaum zu bleiben.

74 | Das Arroganzkästchen

In den Weihnachtsferien gab es einen gemütlichen Nachmittag aller Mitarbeiter der Kirchengemeinde. Interaktive Elemente waren vorgesehen – Spiele, bei denen man spontan mitmachen durfte.

Ein Spiel war eine szenische Darstellung. Fünf Teilnehmer bekamen einen Text in die Hand, mussten ihn vorlesen und gleichzeitig darstellen. Zu solch einem Vorhaben nimmt man gerne ältere Schauspieler. Zum Zuge kamen ein Techniker, ein Zimmermann, ein Drogist und etliche andere. Absoluter Star dieses Spiels wurde der Drogist. Er hatte so etwas noch nie gemacht. Er sollte etwa sechs Abschnitte lesen, in denen es meistens um ein gewisses Angora-Kätzchen ging. Als er zum ersten Mal dran kam, war er schon derart aufgeregt, dass er statt Angora-Kätzchen «Arroganzkätzchen» las. Das Publikum war begeistert, und das stimulierte ihn. Aus dem Kätzchen wurde noch ein «Kästchen», und ohne den Fehler selbst zu bemerken, behielt er das Wort auch im Folgenden bei. Den Inhalt verstümmelnd, das Spiel damit verhunzend, aber das Publikum unglaublich erfreuend, las er Mal um Mal: «Arroganzkästchen ... Arroganzkästchen ...»

Verkaufsgespräch | 75

Als Vikar hatte ich das Vorrecht, zusammen mit Jugendlichen unserer Gemeinde einen neuen Raum im neuen Gemeindehaus einrichten zu dürfen. Es gab ein überschaubares Budget, und so zogen wir mit etwa 20 Leuten los ins «Möbelland». Ein riesiger Schuppen. Und nach ein paar Minuten entstand eine riesige Idee: Hier spielen wir Verstecken. Eine eichene Wohnzimmergarnitur war das vereinbarte «Horre», der Freiplatz.

Dann ging die Gruppe betont unauffällig auseinander, während der ausgeloste Sucher in ein Aquarium hinein leise zählte: «1, 2, 3 …». Bis 20.

Er zählte zu schnell. Ich sah ihn kommen, noch bevor ich ein gutes Versteck hatte. In höchster Not betrat ich einen Schlafzimmerschrank und hielt von innen die Tür zu. Dunkelheit schützte mich. Aber bald hatte ich auch keine Ahnung mehr, wie der Stand des Spieles war. Konnte ich gefahrlos raustreten? Ich hörte Stimmen vor meiner Schranktür. Der Sucher? Gleich wird er mich haben. Stattdessen vernehme ich nach und nach solche Wörter wie «Eiche» und «Buche furniert», höre Zahlen und Maßangaben … und aufs Klo musste ich auch. Da hielt doch ein Angestellter ein Verkaufsgespräch direkt vor «meiner» Schranktür! «Was soll ich tun? Werde ich schuldig, wenn der Käufer beim Türöffnen zu Tode erschrickt? Oder wird der Schrank brutto verkauft, und ich gerate in Sklaverei? Oder öffne ich einfach die Tür und trete ins Freie …?»

Und so machte ich es auch. Mit einem freundlichen «Hallo» und der Haltung, als sei dies das Normalste von der Welt, trat ich heraus. Der Verkäufer stürzte in Richtung offener Schranktür, um nach weiteren Insassen zu sehen, und ich beschleunigte meine Schritte zum Sprint, überall meine Jugendlichen zur Flucht antreibend.

Keiner wusste, warum, aber alle begriffen die hohe Dringlichkeit, und so bretterten zwanzig junge Leute ohne Kauf und Rolltreppen überhechtend aus dem Möbelland …

Autofahrer-Songs | 76

Bei langen Autofahrten kann man sich folgendermaßen die Zeit vertreiben:

Bei Tempo 100 kann man aus dem Evangelischen Gesangbuch Lied 311 («Mach dich auf die lange Reise») singen.

Ab Tempo 150 passt signifikant die Strophe 275,5 («Herr, nimm mein wahr in dieser G'fahr»).

Bei Tempo 180 empfiehlt sich dann Lied 326 («Ich bin ein Gast auf Erden»).

Ab Tempo 220 könnte man noch das Lied 312 pfeifen («O Welt, ich muss dich lassen»).

77 | Auf Gott hören

«Sie kennen den christlichen Glauben schon seit Jahren. Sie behaupten, dass Ihr Gott ein redender Gott ist. Was hat er zu Ihnen gesagt?» –

Es ist seltsam, wie ein Mensch durch diese Frage zu verunsichern ist. Wir geben es als ein unaufgebbares Essential aus, dass unser Gott ein Wort hat und dieses auch gibt. Aber es scheint ein entbehrliches Wort zu sein, welches man nicht hören muss. Es reicht, über Gott eine Meinung zu haben, eine Ansicht, beliebig. Für Theologen ist es oft genug, «über einen Text» zu sprechen. Aber gerade wir Theologen sollten von Matthias Claudius annehmen: «Manche meinen, dass sie die Sache hätten, wenn sie davon reden. Das ist es aber nicht.»

In den Ausbildungskanon und die beständige Supervision unseres geistlichen Lebens gehört eigentlich die Übung, auf Gott zu hören. Und wir sollten fleißig bei jenen lernen, die auf diesem Weg schon weiter sind.

Beten heißt, sagt Nouwen, auf die leise Stimme Gottes hören. Wir sollen wieder ge-horchend werden. Das Wort Gehorsam meint eigentlich ein besonders aufmerksames Hören. Auch das lateinische *oboedientia* sagt dies – es kommt von *ob-audire*, heißt: mit großer Aufmerksamkeit hören, lauschen, und bedeutet vor allem eine Haltung des Lauschens. Ohne Hinhören und Lauschen auf Gottes Reden werden wir für die Stimme der Liebe taub. Das lateinische Wort für taub ist *surdus*. Vollkommen taub heißt *absurdus*. Wenn wir nicht mehr hören, was Gott sagt, wenn seine Liebe uns nicht mehr berührt, wenn wir ihn nicht mehr anwesend sehen im Auf und auch im Ab unseres Lebens, wird unser Leben zu einem absurden Leben, in dem wir zwischen Zukunftsängsten und bedauernden Rückblicken in die Vergangenheit hin- und hergeworfen werden. Dann kann in einer Zunft von Theologen, sagt Fulbert Steffensky, ein banales Reden auf Oberfläche entstehen, eine Rhetorik ohne Erkenntnis, ein Wort, das kein Geheimnis mehr in sich hat, ein Wortnebel, der keinen Sinn erschließt. Und das schlägt irgendwann zurück und beschädigt sowohl die Sache als auch den Berufsstand.

Woher – Wohin | 78

Zwei Fragen, hat Hermann Bezzel mal gesagt, müsse jedes Menschenleben beantworten – irgendwie. Die Fragen lauten:

«Wo komme ich her?» Und: «Wo gehe ich hin?»

Natürlich kann man auch meinen, sich davor drücken zu können, indem man auf andere, wichtiger scheinende Themen verweist: Sicherung des Besitzstandes zum Beispiel.

Werner Heisenberg, der große deutsche Physiker und Nobelpreisträger, mahnt aber leise dieses an:

«Mit der scheinbar unbegrenzten Ausbreitung ihrer materiellen Macht kommt die Menschheit in die Lage eines Kapitäns, dessen Schiff so stark aus Eisen und Stahl besteht, dass die Magnetnadel seines Kompasses nur noch auf die Eisenmasse des Schiffes selber zeigt, nicht mehr nach Norden. Mit einem solchen Schiff kann man keine Ziele mehr erreichen. Es wird nur noch dem Wind und der Strömung und irgendwann den Klippen ausgeliefert sein.»

79 | Der geistliche Hintergrund des Kampfes um Bibeltreue

In der Rückschau bedaure ich persönlich, dass ich mir vor einigen Jahren den Kampf um «Bibeltreue» habe aufdrücken lassen. Aus Sorge um unser Missionswerk, aus der Bemühung, Vertrauensverlust gegenüber der

«Liebenzeller Mission» abzuwenden, haben wir uns aufgebäumt gegen Verklagungen anderer Leute. – Nun ist ja durchaus auch Gutes daraus erwachsen. Heinzpeter Hempelmann, der damalige Direktor des Theologischen Seminars, hat in brillanter Weise die Sinne schärfen geholfen für eine «Hermeneutik der Demut», für einen sehr sachlichen, aber auch in der Haltung bescheidenen, ehrlichen Umgang mit der Bibel. – Der ganze Prozess aber, die lange Zeit der Auseinandersetzungen, hat uns damals unglaublich viel Kraft – und auch Geld gekostet. Im Rückblick denke ich: Wir waren einfach zu erschrocken durch die Anklagen von Brüdern. Und Fritz Bindes Wort haben wir auch nicht gekannt:

«Es geht eine nervöse Sucht durch die Reihen der Gläubigen, sich durch Sonderlehren voneinander zu unterscheiden. Es ist dies nichts anderes als eine Folge des weit und breit vorhandenen ungekreuzigten Ich-Geistes, den Satan nach seinem Lieblingsgrundsatz ‹Teile und herrsche› auszunutzen versteht. Der fromme Ich-Geist will sein und gelten, will sich hervortun, will sich behaupten und Recht behalten. Da nimmt er das Wort Gottes als Handhabe, um sich vermittelst dessen über andere empor zu schwingen. So streitet man unter dem Vorwand des Schriftgehorsams rechthaberisch für die eigene Meinung, macht unter der Hand Anhänger und Rotten, um im gegebenen Augenblick sich von den an-

deren zu trennen und mit der eigenen Rotte eine neue Versammlung zu gründen. … Und immer brüsten sich diese Richtungsmacher mit dem Ruf: ‹Das Wort, das Wort, das ganze Wort und nichts als das Wort!› Und doch herrscht da nichts anderes als das Ich, das Ich, das ganze Ich und nichts als das Ich!»

80 | Eine große, segnende Kraft, die Gott heißt

«Jedes Wort von ihm wiegt ein Kilo», hat ein tief Betroffener einmal über einen Verkündiger gesagt. Es gibt solche Menschen. Ihnen ist das Wort im langen Leben und aus schwerem Erleben entstanden. Sie haben ein Wort, das noch den dunklen Ackerboden an sich hat, durch tiefe Pflugscharen des Leids freigelegt, umgeben von einem unbeschreiblichen Duft. Den folgenden Satz von Martin Luther King halte ich für solch ein Wort: erdig, dunkel, mit dem Geruch des Lebens darin.

«Wenn unsere Tage verdunkelt sind und unsere Nächte finsterer als tausend Mitternächte, dann wollen wir stets daran denken, dass es in dieser Welt auch noch eine große, segnende Kraft gibt, die Gott heißt.

Gott kann Wege aus der Ausweglosigkeit weisen. Er will das dunkle Gestern in ein helles Morgen verwandeln. Zuletzt in den leuchtenden Morgen der Ewigkeit.»

Im Unverständlichen weiterlesen | 81

«Man muss lernen, das Unverständliche weiterzulesen.» Der Schriftsteller Peter Bichsel erzählte, wie er schon als Jugendlicher Gesamtwerke gelesen hatte: Goethe, Marie von Ebner-Eschenbach und andere. Dabei habe er vieles nicht verstanden, aber er habe weitergelesen. Und dies sei für seine Entwicklung als Leser und Schriftsteller, ja seines Lebens überhaupt, von hoher Bedeutung gewesen. Denn im Leben gelte es auch oft weiterzulesen bei unverständlichen Passagen.

Dem ist nachzudenken.

Schon Kleinkinder machen es ja so: Ein kleines Kind «versteht» ja eigentlich noch nichts von dem, was ein Erwachsener spricht. Aber dann liest es eben im «Unverständlichen» weiter: Es spürt die Atmosphäre, die Person, ihre Gesichtszüge, ihren Atem … und dabei lernt es allmählich das Sprechen.

82 | Macht

Jerobeam (1. Kön. 11f.) ist befähigt, fleißig, führungsbegabt. Selbst König Salomo denkt, man könne diesen Burschen vor andere Leute stellen. Eines Tages begegnet ihm gar ein Gottesmann und beruft ihn mittels einer prophetischen Handlung zum Nachfolger Salomos über zehn Stämme Israels. Bescheiden nimmt Jerobeam das Unverhoffte an. In keiner Weise versucht er seinen Werdegang zu beschleunigen, eher im Gegenteil: Er kann warten, bis ihn auch das Volk zum König beruft.

Das Unheimliche kommt erst dann: Kaum ist Jerobeam König, kaum befindet sich Macht in seinen Händen, schon wird er misstrauisch, schon sucht er ängstlich, seine neue Position zu sichern und sich daran festzukrallen. Wie war das möglich? Antwort: Der Machtzuwachs brachte es fertig, aus einem rechtschaffenen Mann in kurzer Zeit einen Despoten zu machen.

Macht ist eine der unheimlichsten Größen, die ich kennen gelernt habe. Sie kann einen Menschen deformieren. Wie kommt das? Verdirbt Macht den Charakter? Es gibt solche Vermutungen:

- «Die Macht an sich ist böse, gleichviel, wer sie ausübe. Sie ist kein Beharren, sondern eine Gier und *eo ipso* unerfüllbar, daher in sich unglücklich, und muss also andere unglücklich machen.» (Jacob Burckhardt, *Weltgeschichtliche Betrachtungen*, 1905)
- «Macht verdirbt den Mächtigen. Absolute Macht verdirbt ihn absolut.» (Lord Acton, englischer Historiker, 1834–1902)

Gewöhnlich wird diesen Aussagen entgegen gehalten, dass es auch so etwas wie «positive Machtausübung» gebe, dass es darauf ankomme, wie man mit Macht umgeht usw. Ich meine, dass sich bei Menschen, die in Führungspositionen kommen, sehr schnell etwas verselbstständigen kann und dass man deshalb – bitte, das ist meine persönliche Ansicht – auf Folgendes achten sollte:

- Man helfe einem Leiter durch ein qualifiziertes Gegenüber, vor dem er sich verantworten muss, zum Beispiel durch ein Team, in das er sich einfügen muss. Machtmenschen sind oft unsicher und ängstlich. Wenn dies je vorher noch nicht erkennbar war, müsste es ein Korrekturinstrument (ein Team, einen unabhängigen Supervisor) geben, welches in der Situation intervenieren darf.

- Je besser ein solches Team ist, desto eher ist es dort möglich, den Charakter eines Leiters wieder und wieder zur Sprache zu bringen. Darum soll dort das regelmäßige Feedback und damit die Verantwortung voreinander und füreinander Kultur, nicht nur Möglichkeit sein.

- Bei der Auswahl des Kandidaten sollen berufliche Qualifikationen wichtig sein, charakterliche aber nicht minder: Das nüchterne Wissen um eigene Begrenzungen und eine bewährte Art, damit umzugehen, vorgeführt u. a. an der Fähigkeit, sich etwas sagen zu lassen – so etwas ist ausgesprochen wichtig.

- Wer andere leiten will, muss glaubhaft ein eigenes Wissen um den eigenen eingeschränkten Blickwinkel anzeigen können, und er muss eine große Lernwilligkeit haben.

- Christliche Leiter sollten immer wieder darauf angesprochen werden dürfen, ob sie nur von Gott reden – oder ob sie ihn kennen. Die Frage ihrer persönlichen Spiritualität sollte, bei aller Beschränktheit menschlicher Beurteilung, gerade nicht für erledigt oder für tabu erklärt werden. Denn sie ist vor Gott auch nicht tabu (Jer. 3,15).

Sensation | 83

Welch ein Glück in der Familie ist so ein Neugeborenes!

Seit Wochen «kommt» die Kleine nachts sechs- bis siebenmal. Mama und Papa sind ganz fertig.

Eines Nachts bleibt es ruhig.

Gegen drei Uhr morgens schüttelt Mama ihren Mann: «Hey, wach auf, ich glaub', unser Kind schläft durch!»

Grrr…

Nachtalarm | 84

Die Familie nimmt in hoher Stückzahl am Arbeitswochenende auf der Starzelhütte teil. Der Speicher ist voller «Wolfis» (Wolfsbergers). Ein Genuss. Endlich gibt's Ruhe. Endlich, endlich.

Aber dann muss Hanns noch mal die Treppe runter. Als er wieder kommt, ist es auf dem Speicher still, und alle schlafen. Seine Matratze liegt neben Sven, seinem großen Bruder. Hanns schreit ganz laut: «Sven, Sven, wach auuff!»

Sven schnellt erschrocken aus dem ersten Schlaf:

«Was isch los?»

Hanns: «Guad Naacht!»

Danach war's mit dem Schlafen erst mal wieder vorbei.

Ähnliche Situation einige Monate später. Wieder ist die Familie glücklich auf dem Starzel-Speicher vereint. Heiner muss nachts aufs Klo. Natürlich wachen alle auf, aber keiner sagt etwas. Als er außer Hörweite ist, fragt Papa in die Dunkelheit: «Macht jemand mit? Jetzt singen wir dem Heiner ein Geburtstagslied, wenn er kommt.»

Durch die Dunkelheit tappt er heran.

Da dröhnt es los auf einen Schlag: «Lieber Heiner, wir gratulieren dir heute zum Geburtstag.»

Heiner fährt furchtbar zusammen und schimpft laut über diese Schnapsidee. Kichernd taucht die Gesellschaft wieder in die Schlafsäcke ab. Zwei Minuten später, als es wieder ganz still ist, kommt Mamas Stimme unter der Decke vor: «Und ich Esel hab auch noch mitgesungen, dabei hat der Heiner doch heute gar keinen Geburtstag.»

Manchmal ist der Wurm drin | 85

Eva hat ein neues Kleid bekommen. Es steht ihr super. Als es einmal gewaschen werden muss, ist das Wasser zu heiß. Nun ist das gute Stück eingegangen.

Evas Schwester erbarmt sich: Sie bügelt das Kleid und dehnt es dabei. Da zerreißt es. Als es kunstvoll wieder genäht ist, muss es noch einmal gewaschen werden. Da rutscht ein roter Strumpf mit in die Wäsche. Nun ist es verfärbt … Es gibt solche Tage.

Die kleinen Dinge des Lebens | 86

Paulus beschreibt, wenn er vom geistlichen Leben redet, viele kleine Dinge des täglichen Lebens. Er rät, sich nicht selbst zu betrügen, andere Menschen nicht zu richten, das Wissen zu hüten, dass wir vom Empfangen leben. Weiter schreibt er:

«Ob ihr nun esst oder trinkt oder was ihr auch tut, das tut alles zu Gottes Ehre.» Oder: «Alle eure Dinge lasst in der Liebe geschehen!»

Das alles sind Beschreibungen des Alltags. Der Alltag

ist Gabe Gottes, also eine Art eigenes Charisma, und enthält mehr Führung, als viele für möglich halten. Wenn das wahr ist, sollten wir den Widerfahrnissen eines ganz normalen Lebenstages eher ein freundliches Interesse als Abwehr und Gestöhne entgegenbringen. «Habe das Gewöhnliche lieb», empfiehlt Karl Rahner, was die kleinere Münze ist von Dostojewskis «Habe dein Schicksal lieb, denn es ist der Weg Gottes mit deiner Seele».

Dies auszuprobieren hieße, sich einzuüben in einen versöhnteren Umgang mit persönlich gefühlten Widerwärtigkeiten und Unpässlichkeiten. In ihnen Gottes Weitergehen mit uns zu sehen, könnte mehr Verheißung beinhalten als die Flucht vor ihnen. Verwandlung erwarten durch Standhalten; nicht ausweichen; den Alltag zum Einkehrtag bei Gott machen – all das wäre in Barmherzigkeit gegen sich selbst auszuprobieren.

87 | Vom Wert des heutigen Tages

Viele Jahre meines Lebens habe ich mich immer vorbereitet auf morgen, auf übermorgen, auf nächste Woche. Das schien besonders in meinem Beruf auch geboten. Worauf mich niemand aufmerksam machte und was ich auch selbst nie bemerkte: Der jeweils heutige Tag schien eigentlich kaum einen Eigenwert zu haben – schien nur die Ausgangsbasis für morgen, für übermorgen zu sein.

Aber der heutige Tag ist doch auch etwas wert! Ich lebe nur heute. Heute bin ich von Menschen umgeben, die mich morgen vielleicht schon verlassen haben. Meine Kinder, zum Beispiel. Von dem, was ich heute lebe, erlebe, empfange, habe ich doch überhaupt erst das Material für das morgen zu Gebende, zu Sagende.

Dass sich diese Einsicht konkretisierte, habe ich meinen Kindern zu verdanken. Eines Tages sagten sie es, ganz auf ihre Art natürlich, das heißt direkt und unverblümt: «Papa, du hast dich schon so viel vorbereitet in deinem Leben, du hast so viel Stoff in dir angesammelt, lass es doch jetzt mal gut sein mit Studieren, Lesen und Schreiben!» – Ich saß gerade an einer Vorbereitung und schrieb. Meine Körpersprache verriet wohl mein Zögern. Deshalb gab's gleich noch eine hinterher: «Was du schreibst, ist ohnehin nicht so besonders gescheit!» Und schließlich: «Das Interessanteste an dir ist doch immer deine Person!»

Diesem Wort habe ich seither nachzudenken. Ich weiß ja: An einem Menschen redet sehr viel mehr als sein Mund. Was ein Mensch ist, das drückt sich von Kopf bis

Fuß aus. Der Mund kann lügen, der Körper nicht, sagt man. Folglich ist der Charakterbildung, der Einübung eigener Lauterkeit, einem stimmigen Umgang mit den Dingen des Lebens, auch einer geistlichen Integrität große, ja vorrangige Beachtung zu geben. Das aber kann man nicht auf morgen verschieben. Das Heute bildet mein Leben. Und Menschen, die mir heute gegeben sind, um mir den Spiegel vorzuhalten.

Übrigens meine ich zu sehen, dass Jesus dieser Sache, der Achtsamkeit gegenüber dem Heute, ebenfalls große Bedeutung beigemessen hat. Man denke nur an: «Unser täglich Brot gib uns heute.»

88 | «Doch!»

Am zweiten Weihnachtstag führen die Kinder ein Anspiel im Gottesdienst auf. Am Vorabend wird geübt. Das Stück entwickelt sich zum Lustspiel. Tausend Ideen. Fünftausend Jokes. Nur der Text sitzt nicht. Aber egal, die Aufführung ist ja erst morgen.

Mit Hilfe des Kopierers werden die Sprech-Texte verkleinert und an verschiedenen Stellen (Handfläche, Innenseite der Kleidung usw.) fixiert, um dem jeweiligen

Akteur das Steckenbleiben zu ersparen. Heiner hat einen Kurzeinsatz als Balthasar aus dem Morgenland, im Drehbuch genannt: «Weiser 1». Sein erster zu sprechender Text lautet: «Doch! Doch!»

Dann kommt die Szene: Die Weisen aus dem Morgenland stehen vor der Tür und wollen das Kind anbeten. Josef, der sich gestört fühlt, sagt: «Das gibt es doch nicht! Am Heiligen Abend!»

Nun muss Heiner sagen: «Doch! Doch!» Als seine Stelle kommt, ist er mit seinen Gedanken noch irgendwo auf der A5 zwischen Babylon und Bethlehem. Sein Bruder rammt ihn mit dem Ellbogen und flüstert ihm zu: «Doch!»

Heiner: «Doch!»

Auf der Kanzel steht Simeon, unser Jüngster. Er ist «der Erzähler» und gleichzeitig Souffleur für die anderen. In seinem Textbuch steht an dieser Stelle: «Weiser 1: Doch! Doch!» Also: zweimal «doch», nicht nur einmal. Deshalb ruft er leise von der Kanzel herunter: «Doch!»

Heiner schaut zur Kanzel hinauf, sicher, dass er seinen Part schon gesprochen hat. Er sagt nichts.

Darauf Sime noch einmal von der Kanzel herab: «Doch, doch!»

Darauf Heiner zur Kanzel hinauf: «Doch, habe ich doch schon gesagt!»

Simeon von der Kanzel: «Doch, doch!»

Heiner: «Was denn jetzt?» Er knöpft seinen babylonischen Umhang auf und späht mit steil geneigtem Kinn auf seinen Spickzettel. Dort steht: «Doch! Doch!» Er liest noch mal mit lauter Stimme, was ihm aufgetragen ist: «Doch! Doch!» …

Das waren dann insgesamt zehnmal «doch». Ein gewaltiger Einsatz für so ein kleines Wort.

89 | Blühende Fantasie

Ich kann mir Ereignisse und Szenen ausgesprochen gut vorstellen. Das geht bis hinein in meine Mimik – so bin ich dabei. Das kommt wohl von meiner Liebe zu plastischen Geschichten. Meine Vorstellungsgabe hat mir dann auch manche vergnügliche Zeit beschert – etwa während einer Sitzung des Kirchengemeinderates:

Ein Chorkonzert war vorbei. Mein Kollege im Pfarramt berichtete darüber in der Sitzung. Er war bedrückt, man merkte es ihm an. Er war traurig über die immer weiter abnehmende Qualität seiner Kantorei. Er berichtete: «Als ich unsere Kantorei am Sonntag singen hörte, da hörte sich das an, als ob man einen rostigen Nagel aus einem Balken zieht. Ich hätte mich am liebsten unter dem Altar versteckt.»

Sowohl der Vergleich als auch die Vorstellung, den korpulenten Kollegen unter der Altardecke hervorlugen zu sehen, war hinreißend und den langen Sitzungs-Abend wert.

Geradlinig | 90

Es gibt Menschen, die haben eine einfache und geradlinige Logik. Sie denken nicht zwei oder drei Sachen gleichzeitig, hinten- und vorneherum – nein, da geht es so wie bei Hermann:

Hermann war ein Bauernsohn. Bodenständig. Nüchtern. Unverdorben in seinen Ansichten. Ein prächtiger junger Mann. Eines Tages wollte der Staat auch etwas von ihm haben und berief ihn ein zur Bundeswehr. Hermann aber wollte auf seinem Bauernhof bleiben und statt das ganze Land lieber seine mageren Einkünfte aus Feld und Reben verteidigen. Aber die Maschinerie lief, und er musste vorreiten zur Verhandlung als «Kriegsdienstverweigerer».

Vor ihm saßen drei Männer, die überzeugte Soldaten gewesen waren. Sie stellten ihm die Fragen: «Stellen Sie sich vor, die Russen würden Deutschland überrennen. Was würden Sie dann machen?» Hermann denkt nach: Viele Russen, die auf ihn zurennen ... Dann sagt er nur: «Abhauen.» Der alte Soldat wollte ihn aber auf den Punkt der Selbstverteidigung führen. Deshalb legte er nach und fragte so: «Stellen Sie sich vor, zwei Russen dringen in Ihren Stall ein. Sie sind gerade am Melken. Und nun binden die Russen Ihre Kühe los und wollen sie wegführen. Was würden Sie da sagen?» – Hermann: «Da würde ich sagen: Heh ... das sind *meine* Kühe!»

91 | Identität

Unwahrhaftige Begegnungen empfinde ich als sehr belastend. Gespräche, in denen auf einer vermeintlichen Sachebene gesprochen wird – darunter aber, verdeckt, verschleiert oder durch ein Wortgebüsch verhüllt, liegt ein ganz anderes Thema. Die Verhandlungsebene, die den Gesprächspartner unter Umständen viel Zeit und Kraft kostet, ist eine Scheinebene; in Wirklichkeit geht es um nicht geäußerte Emotionen, Interessen, Befürchtungen, um Ehrgeiz, Neid und Macht. Das ist anstrengend und enttäuschend und belastet, wenn die Sache herauskommt, die Beziehungen.

Natürlich gibt es Erklärungen dafür, und unser christliches Gewissen wird versuchen, mit all diesen Dingen verständnisvoll umzugehen. Wir werden anerkennen, dass bei einem Menschen immer Angst im Spiel sein kann, Unfreiheit aus schlechten Erfahrungen, und nun hat ein verletzter Mensch vielleicht Mühe, zu sich selber zu stehen und wahrhaftig zu reden.

In Ruhe lassen sollte uns das dennoch nicht. Um unserer selbst willen nicht. Fragen wir lieber: Gibt es für Unwahrhaftigkeit, für die Neigung zum Verdrängen, Verschleiern und Verhüllen auch Ursachen im System?

Haben manche vielleicht ein aus langer falscher Verkündigung gewonnenes mangelhaftes Selbstverständnis? Ein Identitätsproblem?

Was hören wir, wenn wir Jesus fragen?

Etwa so: Jesus, wie hast du eigentlich dein Leben verstanden? Du warst keiner, der den Menschen gedroht hat, du hast niemanden gezwungen, du hast nicht getäuscht und nicht verwischt. Du warst von einer frappierenden Geradlinigkeit.

Deine Offenheit zeigte eine große Unbesorgtheit über dein persönliches Schicksal. Du hast nie taktisch geredet.

Du hast dein Wort nicht abhängig gemacht von möglicher Ablehnung. Du konntest Menschen die Dinge so sagen, wie sie sind, ohne damit ihr Leben zu verneinen. Wie hast du das gemacht? Woher hattest du die innere Stabilität dafür? Warum wurdest du in deiner so ganz und gar irdischen Existenz nicht überwältigt von den Urtrieben, die uns so zu schaffen machen: Erfolg, Ansehen und Macht?

Warum bist du nicht dem Regelwerk erlegen, das unter uns so plausibel ist, nämlich: Ich bin das, was andere Menschen über mich sagen?

Wenn wir Jesus nach seiner Identität fragen, nach seiner Mitte, was hören wir als Antwort?

Ich höre dies, und dies leuchtet mir unter allem am meisten ein: Jesus wusste zutiefst: «Ich bin der geliebte Sohn meines Vaters» (Markus 1,10f.). Darum ist er auf die Versuchungen von Anerkennung und Einfluss nicht hereingefallen. Darum hat er das Alleinsein mit dem Vater gesucht – selbst wenn das niemand verstanden hat. Jesus erhielt seine Bestimmung nicht durch das, was die Menschen von ihm erwarteten, sondern von dem, was der Vater im Himmel ihm ins Herz flüsterte: «Du bist mein geliebter Sohn, an dem ich Wohlgefallen habe.» Darum ist er auch nur ein einziges Mal im Leben wirklich außer Kontrolle geraten: Als ihm auf der letzten Wegstrecke seines Lebens die Liebe seines Vaters verdunkelt war.

«Ich bin geliebt von Gott, von unendlichem Wert, für die Ewigkeit bestimmt» – erinnern wir uns an andere, die das auch gefunden haben: Johannes, der sich im Evangelium nicht mit Namen nennt, sondern nur unter seinem Identitätsmerkmal: «Ich bin der, den Jesus liebt.» Oder Paulus, der im Brief an die Kolosser sagt: «Zieht an, als Auserwählte Gottes, als Heilige und Geliebte ...» – zieht das an, es macht euch anziehend.

Es ist von einer ganz ungeheuren Kraft, wenn wir einen Weg finden, uns von Gott lieben zu lassen. Wer sich geliebt weiß, hat den Sinn seines Lebens gefunden. Fast gleichzeitig wird er anderes verlieren: den Zwang zum Vergleichen, den Antrieb, andere zu richten, die Angst vor Gott.

War es nicht das Anliegen des Evangeliums, genau dies der Welt zu sagen: «Du bist so sehr geliebt, so sehr, dass die tollsten Dinge daraus folgen: Gott betritt die Erde!»

92 | Das ist gewisslich wahr

Losungen, wenn sie nicht als Orakel gelesen werden, sind ein Geschenk. Aber sie kriegen den orakelhaften Beigeschmack auch nicht recht los. Ich habe das selbst immer wieder erlebt:

Am 10. August 1993 haben wir im Pfarrhaus in Aldingen die Umzugskartons zugeklebt, um nach Liebenzell zu ziehen. Was wird uns dort erwarten? Freunde haben gesagt, dort sei vermintes Gelände. Gutmeinende haben gewarnt, das sei ein Himmelfahrtskommando. Während des Einpackens lasen wir die Losung: *«Der Herr wird seinen Engel vor dir her senden»* (1. Mose 24,7). Na also, mit diesem Wort kann man doch umziehen, oder?

Dann sind wir allerdings mit dem Packen und Abfahren nicht rechtzeitig fertig geworden, und als es am nächsten Morgen losging, da stand im Losungsbuch: *«Ich will des Herrn Zorn tragen ...»* (Micha 7,9), und: *«So demütigt euch nun unter die gewaltige Hand Gottes, damit er euch erhöhe zu seiner Zeit»* (1. Petr. 5,6).

Das war dann schon etwas anderes. Unter dem Zeichen des Zorns sollen wir nach Liebenzell gehen? Sich demütigen ist angesagt?! Und die Erhöhung kommt auch erst zu seiner Zeit ... mir wäre früher lieber gewesen.

Dann schliefen wir die erste Nacht auf dem Missionsberg. Am Morgen dann die Losung: *«Wir sind nicht von
denen, die zurückweichen und verdammt werden, sondern
von denen, die glauben und ihre Seele erretten»* (Hebr.
10,39). – Na toll …

Die Losungen hatten es nicht immer leicht, unsere Zweifel und Bedenken zu zerstreuen. Auch damals nicht. Was
hatten wir schon in der Hand – ob die Zusammenarbeit
mit den Liebenzellern gutgehen werde? Wusste die Liebenzeller Mission wirklich, wen sie sich da als Leiter geholt hatte? Oder waren ihre Augen gehalten? Und Jahre
später noch habe ich gedacht: Wäre ich nicht 100 Mal
geflogen, wenn ich nicht Direktor gewesen wäre?

Als ich dann die erste Missionsreise gemacht habe nach
Japan und Mikronesien, als ich in Japan unter dem Tisch
schlief, die WCs so klein, dass man die Türe auflassen
musste, als es in Neuguinea Fledermäuse zum Essen gab,
und als die ganze Liebenzeller Missionswelt so voller fremder Menschen und Sprachen war – da habe ich in Manila
bei einem Zwischenstopp zu Gott gefleht mit dem Losungsbuch: *«Hilf mir aus dem Rachen des Löwen und vor den
Hörnern wilder Stiere …»* (Ps 22,22). Und ich habe zu zwei-
feln begonnen an der Weisheit meines damaligen Bi-
schofs, der mich ohne Sorge zu diesem Schritt ermutigt

hatte. Und ich war unsicher ob der Klugheit eines hochgeschätzten Prälaten, der an einen möglichen Schiffbruch meiner schwachen Existenz anscheinend gar nicht dachte. Aufgescheucht «wie eine legiche Henne», so habe ich mich damals durch den Flughafen gebetet – und gar nicht geahnt, wie sehr ich bereits drin war im Kraftfeld jenes David-Gebetes. Denn jener Satz in Psalm 22 endet mit den Worten: «… *und du hast mich erhört!*» (Hfa-Bibel)

Erhört – wenn auch ganz anders, als ich es gemeint habe …

Wenn ich zurückschaue, muss ich sagen: Ich wäre ein undankbarer Klotz, wenn ich nicht zugäbe: Trotz aller meiner Zweifel und Furchtsamkeiten – hat Gott wieder und wieder, und zwar mein ganzes Leben lang, etwas Schönes aus meiner Lage gemacht.

Das ist gewisslich wahr.

93 | Helfen statt trösten

So ein Umzug ist anstrengend. Was sich in einer Wohnung alles ansammelt in Jahren. Sicher, bevor der Möbelwagen kommt, will man aussortieren, die Mengen verkleinern, aber dann reicht es doch nicht, und schließlich packt man alles in Kartons und nimmt es eben wieder mit. Als wir in Liebenzell ankamen, waren einige Helfer da – aber wir hätten Legionen brauchen können. Ach, die vielen Kartons und die vielen Treppen …

Auf einmal kam eine große Schar junger Leute daher. Bärbel war sofort begeistert und fragte Ernst Vatter: «Wollen die alle helfen?» – «Nein, die wollen singen.»

So standen sie dann und sangen: «Seid nicht bekümmert, seid nicht bekümmert …»

Als sie wieder abzogen, versuchten wir es …

Abgebremst | 94

Die erste Missionsreise meines Lebens war eine Katastrophe. Zusammen mit Ernst Vatter waren wir vier Wochen in Japan und der Südsee unterwegs. Überall Menschen, die ich noch nie gesehen hatte, Verhältnisse, die mir völlig fremd waren, Sprachen, die ich nicht kannte. Ernst Vatter bewegte sich in dem allem mit traumwandlerischer Sicherheit. Während ich von Tag zu Tag müder wurde, blühte er immer mehr auf. Auch wenn wir zu

Fuß unterwegs waren, eilte er mir immer etliche Meter voraus.

Als wir auf der Pazifikinsel Guam zum wiederholten Male an einer langen Schlange zur Passkontrolle anstehen sollten, flitzte Ernst stracks zum Diplomatendurchgang. Hängende Zunge und fragender Blick bei mir. Aber Ernst sagte nur: «Wir stellet uns einfach dumm.» Und schon waren wir durch. Unglaublich.

Nur einmal, da habe ich ihn eingeholt. In Port Moresby war er wie gewohnt weit vor mir durch den Zoll geprescht. Dann hatte er sich einen Gepäckwagen geschnappt, seine Koffer drauf gewuchtet und schob nun in strammer Vorwärtsschräglage die Karre Richtung Ausgang. Dabei holte ich ihn ein. An seinem Gepäckwagen waren die Räder geklaut. Ernst schob den puren Rahmen.

95 | «Es war nicht mein Tag ...»

... erzählte ein Kollege, der sich während einer Bahnfahrt auf eine Milka-Schokolade gesetzt hatte. Ich kenne solche Tage auch. Etliche.

Bei einer Israelreise war es so: Zunächst blieb ich morgens im Aufzug stecken. Es war stockdunkel in der Kabine, und ich fand keine Schalter. Drei Minuten ist das lustig, dann lässt es nach ...

Dann beim Frühstück: Ich hatte mich am Büffet bedient und nahm befriedigt Platz. Meine Tischnachbarn waren mir in den vergangenen Tagen aufgefallen als sehr ordentliche Menschen. Flecken auf der Kleidung waren Gegenstand ausgiebiger Erörterungen. Dann kam dies: vor mir eine wunderschöne, volle Tasse Kaffee. Vor dem Trinken wollte ich noch mein Frühstücksei salzen. Der Salzstreuer war schwer und klobig. Klobiger, als ich dachte. Als ich ihn über dem Ei schüttelte, flutschte er mir aus der Hand und landete kopfüber in der Kaffeetasse. Der Kaffee erschrak, flüchtete, und außer mir wurden noch drei der Ordnungsliebenden erheblich besabbert. Der Kaffee hatte meine Tasse fast komplett verlassen. Aber es war noch nicht Abend.

Zum Mittagessen waren wir in einem Gästehaus. Es war eng darin, und man musste sein Tablett an der Theke holen. Das Brett vor dem Kopf, bzw. das Tablett vor dem Gesicht, steuerte ich einen Tisch in der Mitte des Lokals an. Er war voller Gläser, Karaffen und Krüge. Weiß der Geier, warum. Aber als ich mein Tablett abstellte, ging das Glaszeugs plötzlich zu Boden. Eins nach dem andern … ping, ping, ping. Es war furchtbar. Alle schauten her. Auch die Ordnungsliebenden. In ihren Augen stand, was ich selbst spürte: Heute war nicht mein Tag.

96 | Ordnung

Meine Angehörigen würden das nicht zugeben, aber ich gehöre zur Minderheit im Haus, die wenigstens ein bisschen Ordnung hält. Wenn man Tesafilm braucht, wer hat welchen? – Papa! Ebenso Klebstoff, Lineal und tausend Sachen mehr. Manche Sachen brauche ich aber auch für mich alleine. Zum Beispiel das Kabel von meinem elektrischen Rasierapparat. Eines Tages war es weg. *Auch* weg. Genauso wie Tesafilm, Klebstoff, Lineal usw. Brummig rasierte ich mich nass, setzte mich ins Auto und wollte zur Arbeit fahren. Unterwegs stellte ich fest: Die rechte Beifahrertür schließt nicht. Sie wackelt beim Fahren. Ich muss mal nachsehen, wenn ich wieder zu Hause bin. Zu Hause vergaß ich es aber.

Am nächsten Tag wiederholte sich das Spiel. Zuerst vermisste ich das Kabel, dann dachte ich im Auto: Ich muss mal nach der Beifahrertür sehen, und daheim hatte ich es wieder vergessen. Das zog sich gut vierzehn Tage hin.

Doch eines Tages war mein Auto anders geparkt. Ich lief von der Haustüre nicht auf die Fahrertüre zu, sondern auf die Beifahrertüre. Und dachte: «Was ist denn das? Da hängt was raus!?» Es war mein Kabel. Und seit diesem Tag schloss auch meine Beifahrertür wieder. Recherchen ergaben, dass der Fünfjährige das Kabel einst für «Computerschäden am Beifahrersitz» gebraucht hatte.

Meine Gläser – deine Gläser | 97

Mein betrübter Blick fällt auf den Fußboden, die Diele; mein Auge schielt von weitem unters Sofa: Hundehaare, dicke Flocken von Staub. Die Population im Haus schlägt sich unterm Regal nieder! Als mustergültiger Gatte greife ich nach dem Hausbesen und fange an zu kehren. Kommentarlos, wohlgemerkt.

Meine Frau, schlachten-erprobt, die Gelassenheit in Person, steht unter dem Türrahmen und trinkt noch eben einen Kaffee. Dabei referiert sie. Thema heute: Unsere Kindererziehung im Rahmen der Globalisierung. Oder so ähnlich. Irgendwas Großes halt. Ich schiebe das erste Regal von der Wand und quetsche den Besen dahinter. Die Globalisierung hat sich ebenfalls hinter dem Regal niedergeschlagen ... Noch ein Regal. Das Gläserregal: Ikea-Gläser und ein paar geschenkte, ein bisschen teurer. Nun ja, beim Verschieben dieses Regals sind dann ein paar Gläser runtergefallen. Kaputt, natürlich, schlechte Ware.

Meine Frau ist tief bewegt. Einzeln hebt sie die abgebrochenen Stiele auf und hält sie mir unter die Nase. Zu jedem dieser Objekte schien sie ein persönliches Verhältnis gehabt zu haben. Ich dagegen finde es praktisch, dass die Gläser gerade jetzt runtergefallen sind, wo ich sowieso am Zusammenkehren bin. Als ich schuldbewusst die Kehrschaufel wegtrage, höre ich noch mal Bärbels Stimme in der Küche. Leiser jetzt, mehr zu sich selbst: «Wo ich doch auch jede Nacht eines runterschmeiß, wenn ich nach dem Lichtschalter suche. Erst gestern sind mir gleich fünf runtergefallen ...»

Verdorbene Fantasie | 98

Ich hatte einen Abend-Vortrag im Monbachtal. Durch anschließende Gespräche und durchs Zusammenräumen verzögerte sich mein Aufbruch nach Hause. Als ich das Haus verlassen wollte, war es verschlossen. Um niemanden zu wecken, sprang ich aus dem Fenster des Erdgeschosses auf ein Gitter, das einen Kellerschacht abdeckte.

Das Gitter war dieser Belastung nicht gewachsen und brach durch; ich fuhr samt schwerer Aktentasche in den Kellerschacht hinab. Durch den Aufprall erlitt ich Prellungen am Brustkorb und bekam kaum Luft. Mit großer Mühe zog ich mich wieder hinauf und erreichte mein Auto.

Zu Hause ging es gleich ins Bad: Schlafanzug an und ab ins Bett. Aber ich kriegte immer noch keine Luft. Langsam stieg die Panik. Habe ich doch etwas gebrochen? Also wieder raus aus dem Bett, Hose übern Schlafanzug und ab in die Krankenhaus-Ambulanz.

In Anwesenheit meiner Frau und etlicher Krankenschwestern kam es dort zu folgendem Gespräch mit dem diensthabenden Arzt. Er tastete meine Rippen ab und fragte: «Was ist genau passiert? Also, Sie sind im

Schlafanzug bei Nacht in einem anderen Haus aus dem Fenster gesprungen?» – Grrr...

99 | Elende Abnehmerei, elende

Papa macht die x-te Abnehmkur seines Lebens. Es muss sein. Eine neuerliche Familien-Hochzeit steht an, und die Knöpfe des einzigen Anzugs stehen den Knopflöchern gegenüber wie manchmal die Jünger ihrem Herrn: «Sie folgten ihm von ferne.»

Die Tage bis zum Trautermin eilen, es ist höchste Zeit anzufangen, also: heute.

Nie ist der Mensch so willensstark wie in den ersten zwei Stunden einer Abnehmkur. Es klappt alles wie am Schnürchen: kübelweise Tee, Spaziergang statt Mittagessen, dann wieder Tee. Gegen Abend, als ich den Schlafanzug anziehe, habe ich den Eindruck, dieser Tag habe schon ganz ordentlich gewirkt.

Um sicherzugehen, marschiere ich aber noch mal in die Küche und frage meine Frau: «Sieht man schon was?» Sie betrachtet mich, angestrengt nachdenkend, auf der Suche nach einem Wort, das wahrhaftig ist und ermutigend zugleich.

156

Dann steigt aus der Tiefe ihrer schwarzen Seele der Satz auf, welcher alle Anforderungen erfüllen sollte: «'s geht halt langsam!»

Startschuss | 100

Zum Glück meines Lebens gehört die Starzelhütte im Kleinwalsertal. Vor tausend Jahren, als Student noch, konnte ich diesen ehemaligen Kuhstall pachten. Und dann hat sich eine wunderbare Truppe drum herum gebildet, die in über 30 Jahren seither diesen Stall zu einem schlichten, aber herrlich gemütlichen Freizeithaus aufgemotzt hat. Was zu den Extras dieser Hütte gehört: Zweimal im Jahr müssen die Freunde Holz herbeischaffen – zu Fuß, versteht sich. Von Hand, versteht sich. Im Rucksack, ist klar. Wir tun es so, weil es anders gar nicht geht.

Eines Tages fanden wir einen umgestürzten Baum, dessen Stamm ein vorzüglicher Brunnen vor dem Haus zu werden versprach. Nachteil war nur: Man muss den Baumstamm unzersägt zur Hütte schaffen. Viele Meter weit. Zu Fuß, versteht sich. Per Hand, versteht sich. Ohne Rucksack, ist klar.

Wir beschließen die alte Wikinger-Methode: Zehn Männer stehen breitbeinig über dem Stamm. Jeder umfasst mit einem Strick das Holz, und auf Kommando wollen wir gemeinsam den Stamm hochheben und einen Meter weiter wuchten. Also los, volle Anspannung: Jeder steht gebückt über seinem Seil. Der Frontmann gibt das Kommando: «Eeiinns, zweeii, dr…»

Weiter kommt er aber nicht. Denn kurz vor «drei» lagen seine neun Hintermänner flach auf dem Baumstamm und brüllten vor Lachen.

Der Frontmann war nämlich so voller Anspannung, dass ihm schon bei «dr…» eine gewaltige «Luft» entwichen ist. – Ein echter Startschuss!

101 | Alles im Griff – wenn es gut läuft

Nachdem auch dessen vierte Ehe gescheitert war, schreibt der «Schwarzwälder Bote» am 08.07.2003 über Joschka Fischer, den Bundesaußenminister: «Er ist das Topmodel der deutschen Politik. Zu seinen vier Tugenden erklärt er: Entschlossenheit, Durchhaltevermögen, Realismus, Geduld. Klingt, als habe der Mann sein Leben im Griff. – Wenn es gut läuft.»

So funktioniert es bei uns Christen mitunter auch: Alles gut, «so lange alles gut läuft». Aber wehe, «wenn es kommt, dass ich [Gott] Wetterwolken über die Erde führe» (1. Mose 9,14).

Ich selbst bin kein Freund von Leiden und schweren Lebensführungen. Ich kann gerne darauf pfeifen, und was sich bisher eingestellt hat, damit komme ich gut aus bis zum Ende meiner Tage. Denke ich. – Nur, das Folgende möchte ich auch zugeben: Was beim Wein das «schwere Bouquet» bringt, das sind bei der Lebensreife eben doch die herben Stunden.

Wenn man an sich selbst nur noch verzagt, wenn auch Gott verdunkelt ist und man ihn nicht mehr versteht, wenn sein Wort wie ein «Trugbach» ist (Jer. 15,18), ein Bach, der immer dann leer ist, wenn man schöpfen will ...

Ich war fast 20 Jahre lang schmerzvoll erkrankt. Die Hoffnung auf einen freundlichen Akt der Hilfe Gottes habe ich in dieser Zeit selten verloren, wenngleich es mir je länger, desto mehr unbegreiflich war, warum mir mein Leben und Arbeiten durch die Schmerzen so schwer wurden.

Schließlich waren zwei große Operationen unaufschiebbar. Die Termine wurden festgelegt. Und da flackerte doch noch einmal Hoffnung auf, dass es ohne diese Eingriffe gehen könnte: Unbekannte Menschen aus dem Land schrieben mir von der Hilfe Gottes, die bevorstünde. Geschwister beteten für mich nach Jakobus 5. Täglich fragte jemand: «Und? Wirkt's?» Noch unmittelbar vor der Tür zum OP habe ich meinem Gott ein vertrauendes Ja hingehalten, verbunden mit dem Zusatz:

«Aber jetzt pressiert's!»

Dann wirkte die Narkose.

Nach dem Aufwachen fühlte ich mich wie ein Kind, das seinen Vater immer als gut erfahren hat, der ihm nun aber, ohne Erklärung und ohne sichtbaren Grund, hart ins Gesicht geschlagen hat. Die Enttäuschung an diesem liebenden Vater war abgrundtief. Ich habe lange fast nur noch geweint. Und die wenigen Gebete, die ich jetzt noch sprechen wollte und konnte, hatten alle zum Inhalt: «Wenn Du mir schon das alles zugemutet hast, dann sage mir wenigstens einen Grund!» Aber er nannte mir keinen. Darum wollte ich, je länger ich wartete, von diesem Gott auch nichts mehr sagen.

Man soll, denke ich, einem Menschen in einer derartigen Situation nicht mit christlichen Besserwissereien kommen. Man soll anderen nicht so leicht deren Leid erklären. Ein Segen ist, wer jetzt ein Wort hat, nicht Wörter.

In einem Traum fand ich eine erste Erleichterung. Ich träumte von «Habakuk» und blätterte darin nach dem

Aufwachen. Dort fand ich meine Lage: enttäuschte Liebe zu Gott. Wie er und Jeremia es erlebt haben: Auf Gott vertraut, von Gott reingerissen, wie ein Mädchen betört, verführt, vergewaltigt, sitzengelassen (vgl. Jer. 15 und 20; 2. Mose 22,16; 5. Mose 22,25; 2. Sam. 13). Enttäuschte Liebe.

Da fühlte ich mich verstanden. Aber beim Weiterlesen fand ich noch etwas: Habakuk endet mit einem Lied – «vorzusingen beim Saitenspiel». Ob Gott so auch zu mir sein wird: Er macht aus Leid ein Lied?

Und dann war er so.

Ganz leise – ich habe den Übergang gar nicht bemerkt – ist das Staunen wieder gekommen. Das Staunen über einen guten Vater. Und es ist bis heute da geblieben.

Bewahrung | 102

Der große Tag ist gekommen. Das Studium ist weitgehend abgeschlossen. Es geht in die Prüfungen. Heute: schriftliche Klausur zum Ersten Theologischen Examen in Tübingen. Mit jenem flauen Gefühl im Bauch, das ich von ungezählten Klassenarbeiten her kenne, steige ich ins Auto und will zur Uni fahren. Da durchzuckt mich noch mal ein Gedanke: «Lies doch noch mal im Buch XY auf Seite soundso, was dort steht.» Soll ich? Ich bin zeitlich knapp dran und kann mir nicht leisten, zu spät zum Examen zu kommen.

Aber der innere Impuls ist stärker. Ich spurte noch mal die Treppen hinauf, finde und lese den Abschnitt ... und habe eine Stunde später in der Klausur alles parat, was das Herz begehrt.

Es ging um besagtes Buch mit den Seiten soundso.

103 | Erste Missionsreise

Beginn in Liebenzell. Es wurde Zeit, einen Teil der ausländischen Arbeitsgebiete kennen zu lernen. Ernst Vatter, der langjährige Chef-Stratege der Liebenzeller Mission, nahm mich mit in die Weiten der Südsee. Welch eine Welt: Ich probierte erstmals rohen Fisch in Japan, Fledermäuse auf Manus, Süßkartoffeln auf Yap und Tol. Als Nächstes stand Palau auf dem Programm.

Bei einem Nachtflug nähern wir uns der kleinen Landebahn mitten im Pazifik. Über der Insel tobt ein schweres Unwetter. Das Flugzeug wird heftig hin und her geworfen. Es gibt Aufzugsgefühle im Magen, und die Reste der oben erwähnten Delikatessen machen sich alle gleichzeitig bemerkbar. Blitze zucken im Sekundenabstand, und der Pilot versucht, spürbar angestrengt, nach unten zu kommen. Die Wasseroberfläche des Pazifiks ist aufgewühlt, das Fahrwerk ist ausgefahren – da plötzlich startet der Pilot durch und steigt wieder auf. Wir Fluggäste erhalten eine kurze Begründung über Bordlautsprecher: Der Wind sei zu stark, die Flugzeugführer können die Maschine nicht auf die Landebahn zwingen.

Erneuter Versuch: Diesmal fliegen wir knapp über der Wasserfläche heran. Aus dem Fenster kann man die Wellen fast greifen, und das Wort eines Einheimischen vom Vortag fällt mir ein, er sagte: «Here we have myriads of sharks» («Es gibt hier Myriaden von Haifischen»). Und wieder: Der Pilot muss durchstarten, muss die Maschine erneut hochreißen, weil er vom Wind neben die Landebahn gedrückt wird. Mit auffällig beruhigender Stimme meldet er sich nochmals und teilt uns Passagieren mit: «Nun unternehmen wir noch einen dritten und letzten Versuch. Wenn es dann wieder nicht klappt, fliegen wir weiter zu einer anderen Insel und landen dort.» Andere Insel hieß: etwa 600 Kilometer weiter.

Dann kam der dritte Anflug, wieder flach über dem Wasser, hoffend, dass uns nicht eine Windböe dort hineindrückt. Mittlerweile haben wohl alle im Flugzeug gebetet. Und diesmal ging es gut. Wir erwischten die Landebahn und kamen zum Stehen.

Von einer Gruppe Einheimischer wurden wir mit Blumenkränzen und Liedern empfangen. Sie schienen sich echt zu freuen, dass wir zu ihnen kamen, und schauten uns mit großen und teilweise tränenfeuchten Augen an. Bis einer von ihnen ihre Ergriffenheit enthüllte: «Wir waren alle auf dem Tower und haben die Landeversuche gesehen. Der Pilot eurer Maschine hätte gar nicht zur nächsten Insel weiterfliegen können. Er hatte dem Tower gemeldet: ‹Beim dritten Mal *muss* ich runter. Ich habe keinen Treibstoff mehr.›»

104 | Das können nur Frauen

Es gibt Sachen, da kommen wir Männer nicht mit. Wenn Männer Kinder kriegen müssten – ich fürchte, das würde die männliche Rasse nicht überleben. So tapfer sind wir einfach nicht. So leidensfähig sind wir nicht. Wenn ich bedenke, welche Überlegungen ich jeweils anstellte, die Geburt eines unserer Kinder auch nur als Begleitperson zu überstehen: «Anhalten, Warndreieck rausstellen, Nabelschnur …» Bei jeder anstehenden Geburt hatte ich die klare Vorstellung: Auf dem Weg ins Krankenhaus, da ist es so weit. Im Wald. Bei Nacht. Im Regen … Ganz anders meine Frau. Sie hat bei keiner einzigen Geburt nach dem Warndreieck gerufen. Nie hat sie verlangt: «Rechts ran!»

Unglaublich. Sie hat einfach das Kind im Krankenhaus zur Welt gebracht – fertig.

Oder wenn ich ans Aufstehen bei Nacht denke, wenn der Säugling gebrüllt hat. Der Säugling hat oft gebrüllt. Jeder Säugling. Sobald wir im Bett waren, haben alle Säuglinge gebrüllt. Jahrelang. Ich habe mindestens zehn Jahre nächtlichen Brüllens im Gedächtnis. Ich war so darauf geeicht, dass ich es schon brüllen hörte, bevor es gebrüllt hat. Natürlich bin ich dann aufgestanden. Ich wollte jenem preisgekrönten Satz im Radio nacheifern, welcher hieß: «Schatz, bleib liegen, ich mach das.» Ich hatte nur ein kleines Problem: Ich war immer so müde dabei. Deshalb ist Bärbel viel öfter aufgestanden als ich. So habe ich überlebt, sonst wär's aus gewesen mit mir.

Oder noch so ein Beweis, dass manche Sachen nur Frauen können:

Auf einem Flug nach Jordanien kam unser Flugzeug in Turbulenzen. Viele Lebensmittel, die in Echterdingen aufgenommen worden waren, verließen ihre Besitzer wieder. Andere, die das einmal Gegessene gerne behalten hätten, wurden durch das Geschehen auf dem Nachbarsitz mitgerissen. Die normalen Tüten für solche Fälle waren längst vergriffen oder überfordert. Deshalb rissen die Stewardessen Plastikmüllsäcke von der großen Rolle herunter und warfen sie in die feiernde Menge.

Schließlich war das Schlimmste vorbei und waren die Müllsäcke gefüllt. 200 bleiche Gestalten hockten auf ihren Sitzen und wischten ihre Hemden ab. Nur eine Frau nicht. Sie kniete in der Nähe der Bordküche vor zwanzig blauen Müllsäcken und durchsuchte sie von Hand (!) – nach dem Gebiss ihres Mannes.

Auch das kann nur eine Frau. Ich dagegen verlange noch heute nach einem Plastiksack, wenn ich diese Geschichte auch nur erzähle.

105 | Noch mehr Versprecher

Eine junge Dame macht mit bei einem Auftritt in der Kirche. Sie ist nervös wie alle. Ein wichtiger Satz, den sie sagen muss, beginnt mit den Worten: «Da antwortete er». Als sie an der Reihe ist, geht der Übereifer mit ihr durch. Sie sagt: «Da antwortetete er …» In diesem Moment bemerkt sie, dass irgendetwas an ihrer Rede nicht stimmt. Sie stockt, überlegt eine Schrecksekunde lang, korrigiert dann die Sache und schmettert ein weiteres kräftiges «te»: «Antwortetete -te.»

Im SWR tritt eine neue Radiosprecherin ihren Dienst an. Aufgeregt geht sie im Flur auf und ab und übt ihren Text. Sie hat alle Betonungen mit Gelbstift markiert, alle Verbindungen mit Häkchen bezeichnet …

Ein erfahrener Kollege spricht sie an und lässt sich erzählen, welche Ansage sie demnächst machen muss.

Sie sagt: «Ich habe eine Musiksendung zu moderieren und muss den Text sagen: ‹Meine Damen und Herren, Sie hören nun die Nussknackersuite von Peter Tschaikowsky.›»

«Oh», sagt der erfahrene Radiomann, «das ist kein leichter Satz. Ich habe mal einen Ansager gehört, der hat ‹Nusskackersuite› gesagt.» – Die junge Frau wird noch aufgeregter, macht neue Zeichen und Pfeile in ihr Textblatt – und dann ist sie dran.

Sie setzt sich ans Mikrofon, holt noch einmal tief Luft und spricht: «Meine Damen und Herren, Sie hören jetzt die Nuss-*knacker*-suite …» – im Gefühl des sicheren

Sieges über die Welt der Buchstaben macht sie ein triumphierendes V-Zeichen zu den Kollegen hinter der Glas-Scheibe – «… von Peter Tschaiskowsky.»

106 | Was trägt

Christliche Theologie hat, wie sich das gehört nach 2000 Jahren, eine Menge Inhalte entfaltet. Theologische Fakultäten, Bibelschulen und christliche Verlage wissen das und leben davon. Man muss als Christ aber nicht alles kennen, was es gibt. Wichtiger ist es, das zu finden, was der Kern ist und was das Leben trägt. Für mich ist es vor allem wichtig, dass sich jenes Eine in meinem Denken und Fühlen einwohnt, was im Neuen Testament mit «euangélion» (Evangelium) bezeichnet wird. Nur das unterscheidet den christlichen Glauben von den Religionen und Gott von den Göttern. Nur das hat die Kraft, mich zu meiner wahren Identität zu führen: ein geliebtes Kind Gottes zu sein.

Darum spreche ich so gerne Ludwig Hofacker nach:

«Nimm, was dir gehört. Sein (Christi) Gehorsam macht gut deinen Ungehorsam. Seine Liebe macht gut meine Lieblosigkeit. Seine Geduld macht gut meine Ungeduld. Seine

Arbeitstreue meine Untreue und meine Faulheit. Welch ein Trost fließt ins bekümmerte Herz, wenn es glauben darf: Mein Gott ist größer als ich. Er hat mich lieber, als ich mich selbst habe. Ich bin von ihm mehr gehalten, als ich mich selbst halten kann. Wenn ich mich auch selbst aufgeben wollte, so will er doch mich nicht aufgeben. Er kann es nämlich nicht vergessen, was ich ihn gekostet habe, wie teuer ich erkauft bin.

Nur Christus ist es, der uns durchbringt, liebe Leute. Sein Leben muss es tun, nicht mein Leben. Seine Liebe, nicht meine Liebe. Sein Gebet tut's, nicht mein Gebet.»

Erziehung | 107

Das Thema «Familie» ist für uns ein Lebenskapitel. Auch wenn ich selbst, beruflich bedingt, viel abwesend war und bin – die innere Rückbindung an meine Frau und unsere Kinder ist doch etwas Dominierendes. Ich sehe es zu jeder Zeit daran: Hier bin ich am stärksten zu berühren, hier erfahre ich die tiefsten Verunsicherungen; hier ist der Ort des größten Erstaunens; hier erlebe ich die größten Ängste, spreche die heißesten Bitten und erfahre die schmerzlichsten Entbehrungen.

Ich habe mich nie für einen Erziehungs- oder gar Ehe-Experten gehalten. In bisher 32 Ehejahren haben meine Frau und ich nur ein einziges Mal die Einladung angenommen, vor anderen Menschen über unsere Erfahrungen zu referieren. Und wenn ich selbst mal einen Vortrag dazu halte, dann trägt er einen Titel wie «Vater, Christ und nicht verzweifelt» und hat vor allem *ein* Anliegen, nämlich anwesende Eltern zu trösten und ihnen mitzuteilen: «Ich weiß ziemlich wenig darüber, wie Ehe und Erziehung wirklich geht.»

Der Hauptgrund ist wahrscheinlich, dass meine Frau und ich dem Geheimnis – und genau das ist es für uns – einer gelingenden Familie keine Schablone angelegt haben. So ist uns immerhin das Staunen geblieben, wieso bei aller unserer Unkenntnis wir Eheleute uns immer noch lieben, eher mehr denn weniger. Oder warum unsere Kinder solch eine starke Beziehung zueinander haben und aneinander hängen. Außer dem Gebet, das ich schon Jahrzehnte bete: «Herr, erhalte mir die Achtung und die Bewunderung für meine Frau», und der Tatsache, dass meine Frau ein Engel vom Himmel ist (der dies nur nicht zugeben darf), weiß ich fast nichts.

Wie Erziehung gelingt? Ob und wodurch die unsere gelingt? Ich vermute, dass die Anschauung einer liebenden Beziehung der Eltern zueinander eine der stärksten Kräfte im Innenleben eines Kindes ist. Und der zugesprochene Segen jeden Morgen beim Verlassen des Hauses tut Weiteres.

Erziehungsprinzipien? Außer dem Rat: «Wir lügen nicht! Lieber Nachteile einstecken, aber nicht lügen», haben wir wenig Direktiven gegeben. Ich weiß allerdings auch nicht, ob wir nicht manches versäumt und unterlassen haben. Wenn ich andere Eltern höre und den Stand ihrer strebsamen, fleißigen und ordnungsliebenden Kinder sehe, da wird mir ganz anders.

Ich meine, unsere Kinder würden anderes entwickeln: Ihnen ist eine Lebenskraft eigen, die ihnen das Stehen ermöglicht. Sie haben, soweit man das bis heute sagen kann, Zuversicht nach vorne und Kraft für ihren eigenen Weg. Sie sind beziehungsfähig auf dem Boden einer inneren Eigenständigkeit. Sie haben keine Angst, eine andere Richtung als die ihrer Eltern einzuschlagen, und sie sprechen doch so gut von zu Hause. Sie gehen mutig ins Leben und scheinen ein Gespür dafür zu entwickeln, was trägt. Und wenn ich als Vater darüber nachdenke, was ich einem unserer Kinder «mitgeben» möchte fürs Weitergehen, dann sage ich vorsichtig nur dies: «Behalte das Leben lieb!»

Da ist der Himmel mitgemeint, das wissen sie.

108 | Unkonventionell

Ich bin froh, dass wir auch als Familie in den Jahren immer wieder die innere Kraft hatten, einen eigenen Weg zu suchen und zu gehen. Also nicht das zu tun, was «man» tut, was «man» sagt, usw. Das haben wir in der Kleidung so gehalten, in Ordnungsdingen, auch in der Kindererziehung. Zum Beispiel fügten wir uns einfach nicht ein in die Standards anderer junger Eltern: «Mit 18 bis 20 Monaten muss ein Kleinkind sauber sein» oder «Kinder müssen früh im eigenen Bett schlafen» usw.

Wir hielten es anders. Nach unserer Vorstellung sollte ein Kind sich die körperliche Nähe seiner Eltern nehmen dürfen, so lange es diese sucht und braucht. Da wir durch unsere Kinderzahl leicht in die Gefahr einer gewissen Überbevölkerung im Bett kommen konnten, änderten wir die Lage: Wir zimmerten ein Großbett, drei auf zwei Meter, als Lattenrost knapp über dem Boden liegend. Hier hatten alle Platz. Außerdem hatte diese «Lage» den Vorzug, dass die Kids darauf turnen konnten und bei den Hechtsprüngen vom Fensterbrett oder vom Schrank auch keine Federungen kaputt gingen. Und noch ein Vorteil: Einige Male legten wir das Schlafzimmer an Weihnachten mit viel Stroh aus – kniehoch. Wir verwandelten den Raum in den Stall von Bethlehem. Da bildete der aufgestellte Lattenrost des Bettes eine attraktive Kulisse.

Übrigens sind die Kinder dann doch alle sauber geworden, und sie haben alle irgendwann im eigenen Bett geschlafen. Unter dem Strich aber empfinden wir alle: Wir haben es – für uns – ganz richtig gemacht.

Da wird noch was draus! | 109

Da steht er, ein höflicher junger Mann. Gut anzuschauen mit seinem frischen Wesen. Gebildet und höflich. Zuvorkommend, mit einer gesunden Lebenseinstellung und mit einem guten Einfluss auf seine Umgebung. Man mag ihn einfach, und es fällt niemandem schwer, das auch in seiner Abwesenheit von ihm zu sagen. Ein Klasse-Junge mit seinen 19 Jahren. Es muss ein besonderes Glück sein, solch ein Kind großgezogen zu haben. Hier haben sicher treffliche Erziehungsprinzipien gewirkt. Und günstige Umstände. Ein Glücksfall. Ein Sonnenkind von Kindesbeinen an?

Na ja, als die Kindesbeine etwa fünf Jahre alt waren, hat der Glücksfall in unseren Wäschetrockner gepinkelt und Nachbars frisch gestrichene Garagenwand mit geklauten Hühnereiern beworfen ...

110 | Familien-Schmus

Wir halten nichts vom Kommandieren und Befehlen. Aber eine Zeit lang hatten wir so etwas wie ein Zauberwort, dem alle folgen sollten. Wenn irgendeiner aus der Familie das Wort «Familien-Schmus» ausrief, war es Verpflichtung für alle im Haus befindlichen Angehörigen, sich dort einzufinden, wo der Ruf herkam. Und zwar sofort und in höchster Eile. Dann gab es eine Haufenbildung, ein gegenseitiges Drücken bis zum Umfallen, tausend Küsse kreuz und quer – und ich bin Zeuge: Keine schlechte Laune der Welt hält einem «Familien-Schmus» stand.

Seither denke ich: Wie leicht könnte man die Laune verbessern bei ernsten Sitzungen, bei feierlichen Tagungen oder im Bundestag ...

Lob | 111

Lob ist etwas Schönes. Sowohl wenn man es selber bekommt, als auch, wenn man es gibt. Sage einem Menschen, dass er seine Sache gut gemacht hat, und seine Zuneigung zu dir wächst. Sage jemandem im Ton der Bewunderung: «Haben Sie abgenommen?» – und du hast einen halben Freund mehr.

Als Pfarrer kriegt man ab und zu – also selten, eigentlich – auch ein Lob. Hintenherum manchmal. Zum Beispiel in dieser Art:

- «Predigen kann er nicht – aber er hat alles gegeben.»
- Neulich am Telefon: «Sie sind der einzige Pfarrer, von dem ich eine Predigt behalten konnte. Ich habe Sie 1984 gehört. Worüber Sie gesprochen haben, weiß ich nicht mehr, aber …»
- Der Kollege verabschiedet unter der Kirchentür die Gottesdienstbesucher. Eine ältere Dame strahlt ihn an. Gut gelaunt fragt er sie: «Hat es Ihnen gefallen im Gottesdienst?» – «Toll war's!» – «Was hat Ihnen denn so gut gefallen?» – «Ihre schöne Zääh.» (Ihre schönen Zähne.)
- Ein alter Pfarrer saß im Gottesdienst eines jungen Vikars. Dieser trat keck auf und ließ ahnen, dass er

sich als der Beginn einer neuen Epoche der Kirchengeschichte sah. Gleichwohl bemühte er sich, noch kleinere Verbesserungsvorschläge anzuregen, rein theoretischer Natur, selbstverständlich. Der Kollege «in Ruhe» sagt es ihm dann unter der Kirchentür so: «Nach Ihrem zweiten Gliederungspunkt lichtete sich der Nebel … und wurde durch dichtes Schneetreiben abgelöst.»

- Wie sagt man einem Pfarrer, dass er keine Redegabe hat? Ein verzweifelter Oberkirchenrat hat es mit folgendem Wunsch versucht: «Ich hoffe, Sie bekommen in einem späteren Leben eine zweite Chance.»

112 | Anziehend

Was macht einen Menschen anziehend? Ich habe mir diese Frage oft gestellt und mich mindestens ebenso oft gewundert. Ich dachte an öffentliche Personen, denen nach meinem Eindruck eine gewisse Unwahrhaftigkeit durch alle Poren duftete – aber sie kamen dennoch gut an. Ich habe auch Prediger erlebt, deren Aussagekraft – auch nach mehrmaligem Hören – außerordentlich gering war; und dennoch sagten Leute, die Ansprache sei sehr gut gewesen. Möglicherweise gilt das ja auch für mich selber, dachte ich.

Was ist es also, was andere an mir anzieht?

Ich habe mich zum Beispiel oft gewundert, weshalb ich Bettler und Hilfsbedürftige so anziehe. Wenn ich an einem Bahngleis stehe, umgeben von vielen Menschen, und ein Obdachloser geht suchenden Blickes umher und überlegt, welchen er nach einem Euro fragen könne – er landet wie ferngesteuert bei mir. Oder ein Auskunft suchender Ausländer, ein erregter Mensch oder ein Trauernder. Sie landen bei mir. Woran liegt das?

Von wenigen Ausnahmen abgesehen, bedaure ich das Ganze nicht, im Gegenteil: Es ist ja etwas, wenn Menschen sich an einen herantrauen mit ihren Fehlern, ihren Defiziten und mit ihrer Angst.

Aus diesem Wunsch formt sich für mich sogar eine Vorstellung für den Lebensabend: Ich möchte gerne eine Sitzbank haben vor dem Haus. Breit genug für vier Personen. Da möchte ich gerne sein und anderen Menschen durch meine Haltung ein Dazusitzen leicht machen. Sie werden nichts Großartiges finden. Ein Glas Wein, vielleicht. Einen Menschen, der zuhören mag. Und einen Segen zum Mitnehmen. Aber das ist doch etwas!

113 | Maniriert

Meine erste Visitation als Pfarrer: Neben den vielen Fragen, die ein Gemeindepfarrer für seinen Situationsbericht abarbeiten muss, muss er auch eine Predigt einreichen. Eine Predigt, die so, wie sie vorliegt, gehalten wurde. Diese wird dann vom zuständigen Oberkirchenrat begutachtet und gewertet. So geschah es. Einige Zeit später bekam ich den Bescheid meiner Kirchenleitung, dass man meine Predigt für reichlich «maniriert» halte und dass ich dies ändern solle.

Ich wusste gar nicht, was «maniriert» heißt, ahnte aber, dass es etwas Schlechtes sein musste.

Ein Jahr später gab es im Kirchenbezirk hohen Besuch. Der Leiter des Prediger-Seminars hatte Ansprachen sämtlicher Pfarrer angefordert und untersucht. Bei einer Tagung in Beuggen am Rhein gab es dann eine öffentliche Aussprache darüber. Predigt für Predigt wurde vom Oberschiedsrichter beurteilt und vorgestellt – ohne Namen. Ich rechnete mit nichts Gutem. Denn ich hatte – schon ein wenig aus Trotz – meine «manirierte» Predigt eingereicht, unverändert. Nun kam sie dran, als Letzte ... und wurde hoch gelobt. Alles darin – der Aufbau, der

Rhythmus, die Aussage – schien dem hohen Fachmann vorbildlich zu sein, und so rühmte er den (ihm unbekannten) Verfasser aufs Äußerste.

Da habe ich ganz im Stillen doch Hoffnung geschöpft, dass aus mir doch noch was wird.

Nicht zum Lachen | 114

Zum Missionsfest in Bad Liebenzell habe ich einen bedeutenden Prediger eingeladen. Ein Mann, der mit allen frommen Wassern gewaschen ist. Ein Mensch, der über sich selbst lachen konnte, wie er zeitweise betonte. Als er in Bad Liebenzell eintraf, gratulierte ich ihm gleich zu seinem Geburtstag vom Vortag. In kernigem Schwäbisch: «Du wirsch bestimmt amol hondert. Du siehsch heut scho aus wie neunundneunzig.» Darüber konnte er aber gar nicht lachen.

115 | Prominenz

Das Fest war wunderschön. Ein Gustav-Adolf-Fest im Burgenland. Noch vor der Wende. Der Eiserne Vorhang hatte allerdings schon Löcher, und so strömten auch aus Ungarn Hunderte von Menschen herzu, viele Ältere, viele Bauersfrauen mit Kopftüchern, ein ganzer Sportplatz voll, dicht an dicht. Es war ein Glaubensfest, ausgerichtet von einem mutigen Pfarrer vor Ort. Die Rednerbühne war ein alter Leiterwagen. Die Bodenplanken schwangen auf und ab, wenn ich während der Predigt meine Hände bewegte, und der Predigttext war in Anlehnung an Römer 1,16: «Ich schäme mich des Evangeliums von Jesus Christus nicht.»

In diesem Milieu, auf dem Hintergrund eines zerbrechenden Ostblocks, wurde das Wort «Evangelium» ganz neu gesucht und gehört. Allerdings nicht von allen. Vor mir in der ersten Sitzreihe auf dem Sportplatz saß ein Mann mit einem ausgesprochen finsteren Gesicht. Er schaute mich während der Predigt derart uninteressiert und abweisend an, dass mir dies von Minute zu Minute mehr auf den Senkel ging.

Schließlich hatte ich genug und sprach ihn an. Ich war inhaltlich gerade dabei, zu schildern, wie Gott uns sieht. Und nun fragte ich den Grimmigen direkt: «Darf ich Ihnen das einmal persönlich sagen? Ich weiß nicht, wie Sie heißen, aber ich nenne Sie mal ‹Jürgen›.»

Keine Reaktion.

Gesicht blieb finster.

Da sagte ich es ihm so: «Gott sagt: Da ist Jürgen. Schön, dass du heute da bist, Jürgen. Ich kenne dich seit Ewigkeiten. Ich habe dich mit meinen eigenen Händen gemacht. Ich habe dich gewollt und geformt, und ich habe beschlossen: Einmal im Laufe der Menschheitsgeschichte sollen die Menschen im Burgenland meinen Jürgen haben. Du, Jürgen, bist einmalig. Du bist ein wunderschönes Original. Darum bist du auch unbezahlbar wertvoll. Du bist unersetzbar, unaustauschbar, unverwechselbar, einzigartig. Und wenn dich mal jemand kaputt macht, den werde ich fragen im Gericht: Was hast du mit meinem Jürgen gemacht? Denn Jürgen – das ist mein Ebenbild.»

Es war totenstill auf dem Sportplatz. Und «Jürgen» ließ mich nicht mehr aus den Augen.

Erst nach der Veranstaltung habe ich erfahren: Das war der Landeshauptmann, der Ministerpräsident des Landes.

116 | Das Kreuz

Jeden Morgen beim Jogging kam ich an einem Kruzifix vorbei. In einer katholischen Landschaft war das nichts Ungewöhnliches – und wurde es für mich doch. Nie zuvor hatte ich gesehen, was das Wetter mit solch einem Corpus macht. Er tropfte im Regenschauer, er war mit Schnee und Eis verklebt, der Sturm rüttelte an ihm ... Das Bild einer Kreuzigung ist an sich schon schlimm – es ist ja eine Hinrichtungsszene –, aber wie dieser Jesus da hing im Frost, bei Nacht und allezeit, das ging mir unter die Haut. Und ich empfand: Das macht der für mich. Das hält er aus für mich. Das steht er durch um meinetwillen. Und an manchen Tagen hatte ich den Eindruck: Heute hängt er besonders schwer an den Nägeln.

Er ist «für uns zur Sünde gemacht», sagt das Neue Testament. Wo sonst überall nur gilt: «selber schuld», wo jeder nur auf seine Schuld festgelegt wird, da hat er gesagt: «Ich zahle dafür mit meinem Leben.» Das hat nie ein anderer für mich getan.

Soll ich mich dessen schämen? Ich denke ja nicht daran. Er ist der Wetterfeste. Er steht mich durch. Auch mit meinen erst noch kommenden Sünden. Das ist etwas. Das möchte ich nie mehr missen.

Blickfang | 117

Plötzlich knickte ich gesundheitlich ein. Ende 1995, kurz vor einer China-Reise. In einer Sitzung der Missionsleitung hatte ich Atemnot, Herzdruck, mir war sterbenselend ... Notarzt, Krankenhaus, Intensivstation. Herzinfarkt?

Nach einigen Tagen war ich zuversichtlicher und wollte nach Hause. Am selben Tag kam ein Rückschlag. Wieder mit dem Krankenwagen in die Klinik, und jetzt war's noch schlimmer. Auf der Intensivstation hatte ich den Eindruck, jetzt geht es zu Ende, das Sterben kommt früher als gedacht.

Warum ich es erzähle? In den langen Stunden solcher Not suchte ich nach einem Blickfang für meine wogenden Gefühle und Gedanken. Angesichts des möglichen Sterbens: Was hält da? Woran kann ich mich klammern? Was hat die Kraft eines Zuspruchs in sich, eines Wortes, das von außen kommt und das gilt? Was kann mir jetzt noch zusprechen, dass ich geborgen bleibe, dass ich mit Gott versöhnt bin, wenn ich ihn treffe? Weder die Intensivstation noch das Krankenzimmer hatten damals irgendetwas Religiöses in sich. Kein Wandspruch, kein Bild, kein Kreuz, nichts. Nichts, was den fiebernden Blick auffangen und halten konnte.

Die Nachtstunden mit all dem kreatürlichen Bangen waren furchtbar. Bis ich eine Lüftungsklappe entdeckte. Die Schlitze waren strahlenförmig angeordnet, so wie wir als Kinder eine Sonne malten. Und darin war auch ein Kreuz erkennbar. In der vielleicht tiefsten Angst meines Lebens suchte ich das Kreuz als Zeichen, das zu mir redet. Das Kreuz, welches anzeigt, wie Gott zu mir steht:

Du bist verlorener, als du denkst;
du bist geliebter, als du ahnst;
du bist durch Jesus geretteter,
als du dir vorstellen kannst.

Das Kreuz im Strahlenkranz, Golgatha und Auferstehung, dieses Zeichen in der Lüftungsklappe – das hat mich gehalten in der Todesangst. Das kann es nämlich, dieses Zeichen. Weil es vom Himmel verbürgt ist.

Ob man Predigen lernen kann? | 118

Gewiss hat Goethe recht: «Ein jeder lernt nur, was er lernen kann.» Aber es gibt auch Lebensführungen, da macht man sprunghafte Fortschritte.

Während meiner altsprachlichen Ausbildung fand ich in Uhlbach ein Zimmer – und eine Jungschar. Ich hatte nie zuvor eine solche Gruppe kennen gelernt. Nun sollte ich sie versorgen. Es war ein Crashkurs. Als einer, der selber erst wenige Zeit davor zum Glauben gefunden hatte, wollte ich diesen gerne an die Kids weitergeben. Aber da passierte etwas Fürchterliches:

In einer dieser Jungschar-Stunden, die ich leitete, ist einer der Jungs – bitte, ein Jungscharler, diese Kerle haben doch sonst Feuer und Dynamit gleichzeitig im Hintern – bei meiner Andacht eingeschlafen. Richtig eingeschlafen. Er musste durch Rippenstöße geweckt werden und sah um sich wie Zeus, als Prometheus ihm das Feuer stahl.

In einem solchen Moment wird Verzagtheit geboren – oder ein Überlebenswille. Damals begann ich, meine Andachten auf Tonband zu sprechen – und hörte mit Schrecken, wie lahm das klang. Ich erzählte meine Story dem kleinen Wandspiegel – und war entsetzt über meine sprachlose Mimik. Noch heute wende ich mich mit Grausen ab, wenn ich mich auf Video sehe – und doch, und doch: Es wächst etwas dazu, wenn man sich etwas sagen lässt. Wenn man sich einen Spiegel vorhalten lässt. Die Betonung liegt auf «lässt».

119 | Zum Auftreten eines Predigers

Schon als junger Mensch habe ich mitunter ein Missverhältnis von Kanzelauftritt und Kanzelabtritt bei manchen Predigern empfunden. Wenn manche Pfarrer oder Prediger hinters Pult treten, scheint aus ihnen ein anderer Mensch zu werden: Sie bewegen sich anders, ihr Gesichtsausdruck verändert sich, manchmal tritt ein eigentümliches klerikales Kanzellächeln auf, das mit Verlassen der Kanzel sofort wieder in sich zusammenfällt, und auch ihre Sprache wirkt mitunter so gestelzt, dass man, pflegten sie sie im täglichen Umgang, sofort lachen müsste. Das Schlimmste aber ist: Der jeweilige Prediger merkt es in der Regel selbst nicht.

In unserer ersten Gemeinde hatte sich eines Tages ein weiblicher Punk in den Gottesdienst verirrt. Ganz in Schwarz saß sie in jener Kirche, in der sie einst konfirmiert wurde und deren «muffigen Geruch» sie noch einmal aufnehmen wollte. In diesem Gottesdienst aber hat sie irgendetwas erreicht, sodass sie wiederkam. Immer wieder. Und schließlich vertraute sie ihr Leben diesem nach ihr suchenden Gott an.

Um ihr Zeit zu lassen und ihr gleichzeitig eine Mitarbeit zu geben, bat ich sie um einen einzigen, aber regelmäßigen Dienst: Sie, die noch alle Intuition von «draußen» hatte, von «Welt», von Kirchenferne usw. – sie sollte mir, dem Prediger, ganz direkt sagen, wenn mein Auftreten im Gottesdienst unnatürlich war, abgehoben, unverständlich, befremdend statt einladend. Sie sollte mir spiegeln, wenn ich nach ihrer Meinung die Dinge anders sagte als in meiner eigenen Sprache, oder auch, wenn sie zu spüren meinte, dass mir zu manchen meiner geistlichen Aussagen die eigene Erlebnisgrundlage fehlte. Das war ein Dienst, der mir außergewöhnlich gut getan hat.

Der Prediger, das arme Würstchen | 120

Ich habe als Pfarrer stets gerne und intensiv lernen wollen bei den zeitgleichen Größen der Predigerzunft. Ich habe einst die Sprachmelodie eines Klaus Vollmer gekannt. Ich habe Theo Sorg das Wort von den Lippen gepflückt. Ich habe Rolf Scheffbuchs Verbindung von Ruf zur Sache und befreiendem Humor bewundert. Und ich habe Konrad Eißler so intensiv zugehört, dass ich in dessen Predigt-Sprach-Rhythmus denken konnte. Sie und viele andere – Winrich Scheffbuch, Bernd Bierbaum, Johannes Hansen, Ulrich Parzany, Peter Strauch, Klaus Eickhoff – schienen mir beides: unerreichbar voraus und doch wie mir vor die Füße gelegte Geschenke, um an ihnen zu lernen.

Das Zutrauen in das eigene Sprechen wuchs vergleichsweise langsam. Dass ich schon auf der ersten Pfarrstelle nicht stecken blieb, vor lauter Verzicht auf strömende Zuhörermengen, das lag an vier Personen vor allem: Frau Pflüger, die gute, alte Gemeindefrau, die mich in nächtlicher Verzagtheit gesegnet hat; Friedrich Wittig, der Hamburger Verleger, der mit seiner geistigen Überlegenheit und seinem brillanten Deutsch keine Behäbigkeit bei mir aufkommen ließ; Prof. Rudolf Müller-Schwefe, der mich unaufhörlich behandelte, als sei es nur eine Frage der Zeit, bis sich in mir der Engel Gabriel persönlich zeige; und meine Frau, die mir durch ihre Art des Zuhörens den Eindruck vermittelte, als habe gerade eben ein Engel mein armes Wort beflügelt – und das alles zusammen war mir armem Würstchen auf der Kanzel dann doch jedes Mal eine ganz ungeheure Kraftzufuhr und ein Riesen-Vorrecht.

Eine wirkungsvolle homiletische Regel | 121

Den mir vielleicht wichtigsten Satz über das Predigen habe ich aus einem humoristischen Buch von Hans von Campenhausen («*Theologenspieß und -spaß*», Siebenstern). Dort steht zu lesen: Ein Pfarrer habe seine Rede auf der Kanzel begonnen mit den Worten: «Liebe Gemeinde, die Predigt heute fällt aus, denn ich habe Ihnen etwas zu sagen.»

Dieser Satz, auf eine kommende Predigt hin gehört, ist in meinen Ohren so gut, dass er keines Kommentars bedarf.

«Was recht eigentlich die Predigt trägt, ist nicht ihre rhetorische, psychologische oder auch theologische Perfektion. Kanzelholz wird ein besonderes Holz dadurch, dass wir dessen eingedenk sind, wer unser Gegenüber ist. Dieses Holz hat zu tun mit dem Holz der Krippe von Bethlehem und dem Holz des Kreuzes von Golgatha. Und das heißt: Die Predigt ist gehorsame Rede. Als frei geformtes Wort eines Menschen von

heute (der, so genau er es vermag, diesem Heute angehören soll in Verantwortung, Frage und Zuneigung, Zweifel und Liebe) weiß sie sich gebunden an das Schriftwort, das sie auszulegen hat. Sie ist in Pflicht genommen von der ganzen Schrift als dem Wort, das der sich wandelnden Zeit wandellos offen steht und das jede Zeit bindet mit dem Seil der strengen Liebe. Die Schrift selbst ist es, die an die Predigt delegiert, was ihr gegeben ist, dies: Unruhe zu wirken – und Ruhe zu stiften.»

– Albrecht Goes (in: «Kanzelholz. Dreißig Predigten»)

122 | Vom Predigen

Die erste mir eindrückliche Bemerkung über das Predigen hörte ich im homiletischen Seminar in Tübingen. Der damalige Übungsleiter begann seine Ausführungen mit den Worten: «Meine Damen und Herren, denken Sie nicht, dass Sie durch Ihre Predigten einmal etwas bei den Menschen verändern werden!»

Da war ein Wort, das mir ein älterer Kollege auf die Kanzel gelegt hat, als ich ihn einmal vertreten durfte, viel hilfreicher: «Treu ist er, der euch ruft. Er wird's auch tun.» Das ruft zur Geschäftsordnung unseres Geschäfts.

Zu meiner Ordination hat Rolf Scheffbuch das Wort Spurgeons zitiert, der zu einem angehenden Prediger sagte:

«Glauben Sie, dass das Gottes Wort ist, was Sie verkündigen?» Der junge Mann wollte sich nicht so wichtig nehmen, war auch tatsächlich unsicher, ob man so hoch greifen dürfe, und sagte: «Ich bin nicht sicher ...»

Darauf Spurgeon: «Wenn Sie nicht sicher sind, dass das Gottes Wort ist, was Sie weitergeben, so lassen Sie es mit dem Predigen.»

Und kommt nicht dran | 123

Manche Menschen können nicht glauben. Selbst wenn sie wollen – es geht einfach nicht. Selbst wenn sie leiden darunter. Selbst wenn sie anders wollen. Das Wort «Cassati» erinnert mich daran. Im Cevedalegebiet in Südtirol gibt es die Cassati-Hütte, etwa 3500 m hoch gelegen, benannt nach einem gleichnamigen Bergführer. In einem Frühjahr, nachdem der gröbste Schnee zurückgegangen war, machte er sich auf aus dem Tal zu seiner Gasthütte. Ein paar Carabinieri begleiteten ihn und halfen ihm beim Tragen der Vorräte. Sorgfältig achteten sie darauf, nicht in eine der zahlreichen, vom Schnee bedeckten Gletscherspalten zu stürzen.

Als sie die Hütte schon von Weitem erkennen konnten, riet ihnen Cassati, das Gepäck abzustellen und ins Tal zurückzukehren. Er wollte den Rest nach und nach alleine hinauftragen. Aber kaum waren die Männer verschwunden, da stürzte er in eine Gletscherspalte, fiel einige Meter hinunter und blieb dann an einer schmalen Stelle stecken – eingeklemmt an Brust und Rucksack, die Beine im Leeren. In dieser hilflosen Lage blieb er drei Tage und drei Nächte, bis ihn ein Suchtrupp aufspürte und rettete.

Als man ihn heraufgezogen hatte, waren ihm alle Zehen und Finger erfroren. Aber das Schlimmste, berichtete er, war nicht die Angst vor dem endgültigen Runterstürzen, auch nicht die Angst vor dem Erfrieren. Sondern das Schlimmste war für ihn: Dass hinter seinem Rücken, im Rucksack, alle Lebensmittel waren – und er kam nicht dran.

Lebens-Mittel muss man da lesen. Überlebens-Mittel. In greifbarer Nähe. Und er kam nicht dran. – Immer wieder sind mir Menschen so vorgekommen: Sie haben nach dem Leben, nach dem Überleben gesucht und gefiebert ... und sie kamen einfach nicht dran. Und wenn dann kein Suchtrupp kommt und von außen hilft ...

Geschichten und Sprüche | 124

Immer wieder wurde ich gefragt, ob ich aus meinen gesammelten lustigen Geschichten und Sprüchen etwas weitergebe. Ich nenne hier mal ein paar – aber nicht viele. Denn erzählt sind die Sachen schöner als geschrieben:

Zwei alte Freunde trafen einander auf der Straße. Der eine machte ein trauriges Gesicht und schien den Tränen nahe. Der andere fragte teilnahmsvoll: «Na, altes Haus, was ist dir denn passiert?»

«Ach», sprach der Trauernde, «hör nur! Vor drei Wochen ist mein Onkel gestorben und hat mir 40.000 Euro vermacht.»

«Na, das ist doch nicht übel.»

«Vor zwei Wochen verunglückte eine entfernte Großtante und vererbte mir glatte 80.000 Euro!»

«Auch schlimm, aber gleichzeitig …»

«Na ja, und letzte Woche starb meine Uroma und schenkte mir eine Viertelmillion!»

Jetzt war sein Freund völlig verstört und fragte: «Ja, und da schaust du so trüb aus der Wäsche?»

«Na eben, und diese Woche ist schon Mittwoch, und bisher – noch gar nichts.»

«Was hast du dem Brautpaar geschenkt?»

«Ein Kaffeeservice für zwölf Personen. Und du?»

«Ein Teesieb für 400 Personen.»

Mitten in der Nacht wird der Doktor zu einer Patientin gerufen, einer recht vermögenden Witwe, die viel Zeit hat, sich ihre Krankheiten einzubilden, und die den Doktor wegen jeder Kleinigkeit kommen lässt. Der Arzt untersucht sie und sagt schließlich:

«Haben Sie schon Ihr Testament gemacht?»

«Du meine Güte, ist es denn so schlimm?»

«Man weiß nie. Am besten wäre es, wenn Sie den Notar und zwei Zeugen kommen ließen.»

«Den Notar auch?»

«Ja, und den Pfarrer. Ich will nämlich nicht der einzige Simpel sein, den Sie heute Nacht wieder unnötig aus dem Schlaf gerissen haben.»

In einem schwäbischen Zugabteil ist ein erbitterter Streit ausgebrochen. Zwei ältere Frauen sind sich in die Haare geraten.

Die eine erklärt, sie bekomme einen Herzschlag, wenn das Fenster nicht sofort geöffnet werde; die andere schreit, dass sie, wenn das Fenster aufgemacht werde, sofort eine Lungenentzündung bekomme. Der erfahrene

Schaffner hört sich das Gezeter eine Weile an und sagt
dann: «So, jetzt mache' mr 's Fenster z'erscht auf, bis de
oi hee' isch, und no mache mr's zua, bis de ander hee'
isch. No isch a Ruah.»

(Auf Hochdeutsch: So. Jetzt machen wir das Fenster
zuerst auf, bis die eine dahin ist. Und dann machen wir's
zu – bis die andere dahin ist. Dann ist Ruhe.)

Der Religionslehrer versucht der Klasse zu erklären, dass
sich Ehepartner im Laufe der Jahre ähnlicher werden
und sich auch einander anpassen. Ob denn jemandem
ein Beispiel hierzu einfallen würde. Da meldet sich
Hans: «Meine Oma und mein Opa ergänzen sich auch
gut. Mein Opa schnarcht ganz arg, und meine Oma
hört nichts mehr.»

Gedichte | 125

Manchmal wird man überraschend gefragt: «Können
Sie ein Gedicht aufsagen?» Das ist dann immer ein
schwaches Bild, wenn man so gar nichts auf Lager hat.

Ich bin mit folgenden zwei Werken recht weit gekommen:

«Zwei Knaben saßen auf zwei Kübeln
Und fingen beide an zu grübeln.
Der eine grübelte zu hastig,
der andre Kübel war aus Plastik.»

Und:

«Zwei Knaben machten sich den Jokus
und tranken Most im Keller.
Da musste einer auf den Lokus,
jedoch der Most war schneller.»

126 | «Standard?»

Buenos Aires, Apart-Hotel. Die Hostess fragt ausdrücklich noch mal: «Sie wollen Standard-Zimmer?» Wir bejahen. Heute weiß ich: Diese Frage wird mich für alle weiteren Zeiten meines Lebens aufs Höchste alarmieren. Aber damals hieß «Standard»: preislich günstig.

Das Doppelzimmer war dann eine Hinterhofausführung im sechsten Stock, Fenster nicht schließbar, der Gast wird kostenloser Teilhaber sämtlicher Dunstabzugshauben und Entlüfter des Hinterhauses. Aber egal.

Wichtig ist die Dusche. Meine Frau Bärbel schaut früh-morgens rein: Die Badtür ist in sich verzogen und steht weit offen. Beim Betätigen der Armaturen fällt sofort der Griff von «Warm» herunter, das heiße Wasser schießt nur so aus der Wand. Bärbel flüchtet ins Freie. Der Wasserstrahl setzt ihr nach und spritzt in den Flur. Das Bad steht unter Wasser. Es kommt fast kochend aus der Wand. Mit spitzen Fingern und jetzt schon deutlich missgestimmter fischt Bärbel nach dem abge-fallenen Griff und versucht ihn aufzusetzen. Gleichzei-tig dreht sie «Kalt» auf. «Kalt» kommt auch, «Warm» jetzt nicht mehr. Dafür lässt sich «Kalt» nicht mehr abstellen. Im Bad sieht es aus! ...

All das höre ich im Bett nebenan mit Grausen. Meine Frau erstattet empörten Bericht, ich nehme mit-fühlend Anteil – und beschließe, das eigene Duschen zu verschieben. Aber Klo muss eben sein. Mhmh, ist das ein Gefühl, wenn man morgens barfuß ins Bad kommt und kalte Nässe einem die Fußsohlen und die Zehen einhüllt ... Beim Sitzen lehnt sich der Klodeckel vertrauensvoll auf meinen Rücken. Gleichzeitig gilt es, ein vorsintflutliches Bidet im Auge zu behalten, das an einem heimtückischen Schwenkarm in die Schüssel ragt. Es wird doch nicht ...?

Und so ging es weiter: Beim Frühstück gab es dann

197

keine Eier, nur Eierbecher, und vom Käse gab es nur ein Poster.

Aber preislich war's günstig. «Standard» eben.

127 | Verkehrs-Hütle

Ein neuer Mitarbeiter legte großen Wert auf seinen gesicherten Parkplatz. Übergriffe auf dieses heilige Land lösten bei ihm heftigste Eruptionen aus. Zur Sicherung des Terrains stellte er vier Hüte auf, wie man sie im Straßenverkehr und an Baustellen findet.

Eines Morgens kurz nach sieben Uhr kam einer unserer Buben auf dem Schulweg an dieser Hütchenstelle vorbei. Als überzeugter Fußballer gab er einem der Hütchen im Vorbeigehen einen Tritt, worauf sich dieses den Hang hinunter davonmachte. Sofort öffnete sich ein Küchenfenster, und es ertönte ein Riesengeschrei. Der Fußballer musste unverzüglich dem Hütchen hinterhersteigen und es wieder an seinen Platz stellen.

Nach der Schule erzählte er daheim den Vorgang. Tiefe Anteilnahme stellte sich ein.

Am nächsten Morgen: Die Schwester und ein anderer Sohn sind auf dem Weg zur Schule.

Am Hütchenplatz sagte sie zu ihm:

«Kick mal eins runter!»

Er tat's, nichts ahnend.

Resultat: Ein gewisses Küchenfenster flog auf, und eine gewaltige Stimme dröhnte über den Platz. Der Übeltäter nahm entsetzt Reißaus. Beim Mittagessen war das Gesprächsthema erneut: «Hütchen».

Das brachte den ältesten Sohn auf eine Idee. An einer außerörtlichen Baustelle lud er seinen Kofferraum voll mit Verkehrshütchen, stellte sie alle bei Nacht um den «heiligen Parkplatz» und rief morgens um sieben Uhr bei jenem Küchenfenster an: «Hallo, hier ist die Polizei. Wir haben gehört, Sie haben unsere Verkehrshütchen?»

Igitt! | 128

Der Konferenzleiter ist in voller Fahrt. Er will die Anwesenden hinter sich bringen.

Mit großer Geste ruft er in den Saal hinein: «Vertrauen ist nötig! Und wenn etwas in die Hose geht, dann löffeln wir es auch gemeinsam wieder aus!»

Eine Stimme aus der dritten Reihe: «Mahlzeit!»

129 | Der Hanuta-Fresser

Der Mann war mir bekannt. Ich hatte ihn viele Male im Fernsehen gesehen. Der Showmaster. Die Heulboje. Der Schnellschwätzer. Der Beau. In Echterdingen standen wir zusammen im Flugsteig 5 mit demselben Flugziel: Berlin. Ich «Economy», er «Business Class», und eine hochgeblondete Modelline war auch dabei.

Es war zu jener Zeit, als die Fluggesellschaften ihre Passagiere noch kostenlos mit guten Zeitungen, Getränken und Süßigkeiten verwöhnten. Die meisten Fluggäste griffen zu, nahmen wenig, blieben höflich und bescheiden. Nicht so mein TV-Mensch. Er holte aus seinem Handgepäck eine große, eine wirklich große Plastiktüte. Die Fluggesellschaft hatte «Hanuta» spendiert. Und diese packte er jetzt tatsächlich ein. In großem Stil, nein, mit Stumpf und Stiel. Die ganze Ladung. Wir anderen Fluggäste fassten es nicht. Wir bildeten ein sprachloses Publikum. Dann drückte der feine Herr seiner Modelline die Tüte in die Hand und verdrückte sich in die «Business Class».

Seit diesem Tag habe ich seinen wirklichen Namen verdrängt. Ich kenne ihn nur noch unter seinem Künstlernamen: «Hanuta-Fresser».

Die Tücke des Objekts | 130

Da hatte also ein Gemeindeglied dem Pfarrer eine
Freude machen wollen und ihm und seiner Frau Karten
fürs Sinfoniekonzert am Samstagabend geschenkt. Beide
freuten sich ungemein auf dieses Ereignis. Auch die Tatsache, dass das Konzert am Samstag stattfand, der sonst
der Predigtvorbereitung diente, schmälerte die Freude
nicht. Die ganze Arbeit wurde sorgfältig vorgezogen
und erledigt. Bis zur letzten Minute schuftete der fleißige
Pfarrer in seinem Amtszimmer. Dann eilte er ins Badezimmer, um sich umzuziehen. Dort hing sein schwarzer
Anzug, frisch gereinigt und gebügelt. Das ausgebreitete
Hemd lag über der Kommode, auch die Krawatte war zu-
rechtgelegt. «In fünf Minuten bin ich fertig», tröstete er
seine unruhige Frau.

Alles ging wie am Schnürchen: Hemd, Schlips, Hose –
und hier nun kam das Unheil. Der Reißverschluss der
Hose war offensichtlich in der chemischen Reinigung beschädigt worden. Die Hose schloss sich nicht. Alles Zer-
ren und Ziehen führte nicht zum Erfolg. Zwar sorgten
Hosenträger und Bundverschluss dafür, dass die Bein-
kleider nicht ins Rutschen kamen, aber mit offenem
Reißverschluss fühlte sich der seriöse Herr doch nicht

ganz angezogen. Deshalb wurde kein Versuch gescheut.
Die Zeit verging. Aus fünf Minuten wurde eine Viertel-
stunde. Schließlich schaute die Ehefrau besorgt zum
Bad herein. «Wo hebt's denn?», rief sie (heben = süd-
deutsch für: hängen, aber auch für halten).

«Es hebt eben nicht», sprach er verzweifelt und de-
monstrierte seine Bemühungen. Da half sie ihrem
Mann beim Ziehen. Vergeblich.

Schließlich verordnete sie resolut die Einstellung der
nutzlosen Versuche, jedenfalls für den Augenblick, und
ordnete eine Taxifahrt in die Konzerthalle an. Dabei
könne der Schließungsversuch fortgesetzt werden, und
man werde wenigstens nicht zu spät kommen. Bei so guten Plätzen könne man unmöglich auffallen und andere
Zuschauer stören.

Die Taxifahrt bestand für ihn aus einer Summe von
Bemühungen um den Verschluss. Das Dumme war,
dass man zwar beim Stehen nichts sah: Der elegante
Fall der frisch gebügelten Hose und das Jackett schützten
vor unerwünschten Tiefblicken. Aber beim Sitzen, hielt
man die Hände nicht unnatürlich, blitzte es doch ver-
dächtig weiß. Also suchte er immer wieder den störri-
schen Reißverschluss zu überlisten. Verwundert studierte
der Taxichauffeur im Rückspiegel das vierhändige Be-
mühen der alten Leutchen.

Der unglückselige Hosenbesitzer stellte seine Hantierungen auch dann nicht ein, als er sich bereits auf dem herrlichen Platz im Parkett des Konzertsaals befand. Besonders wenn er aufstehen musste, bot sich die Gelegenheit, mit Schwung und Kraft noch einmal zu versuchen, nach oben zu ziehen, was unten bleiben wollte.

Kurz vor dem letzten Klingelzeichen betrat ein Ehepaar den Saal und zwängte sich, höflich um Durchlass bittend, durch die Reihen. Er im schwarzen Frack, sie im hellgrünen Abendkleid. Willig erhob sich noch einmal alles in der Reihe, um die Spätankömmlinge durchzulassen. Auch unser Ehepaar erhob sich. Er nicht ohne den erneuten verzweifelten Versuch einer Ziehung. Da kam die Überraschung: Der Verschluss knirschte leicht und ließ sich dann mit Schwung nach oben ziehen – doch unglücklicherweise gerade in dem Augenblick, als die Dame sich, ihm freundlich zunickend, vorbeischob.

Und da geriet doch in den Reißverschluss eine winzige Rüsche des hellgrünen Kleides. Vergeblich zog nun der Herr Pfarrer in entgegengesetzter Richtung am Verschluss. Der Stoff saß festgeklemmt in dessen Zähnen. Was vorher nicht nach oben gewollt hatte, ging jetzt nicht nach unten. Die auf so unglückliche Art Verbundenen erregten unliebsame Aufmerksamkeit. «Hinsetzen!», zischelte es von hinten. «Nicht stehen bleiben!»

Und der Ehemann der grünen Dame rief immer wieder: «Lisa!» Aber Lisa zeigte keine Reaktion. Ein graumelierter Herr in der Reihe dahinter war entsetzt: im Parkett zwei linkisch hantierende Persönlichkeiten, er an der Hose, sie am Kleid nestelnd. Zudem wurde es jetzt dunkel. Der Zweiergruppe kamen helfende Hände entgegen. Sie gehörten der Frau Pfarrer und dem Ehemann der Dame in Grün. Getuschele, mokierendes Räuspern der Nachbarn. Zu viert schob man sich schließlich zum Ausgang, er rückwärts tapsend, sie vorwärts gebogen, und hinterher die jeweils besseren Hälften.

Gemeinsam ging's zur Garderobe. Dort nahm der resolute Ehemann der grünen Dame eine Nagelschere und trennte mit ihr die Verbundenen. Mit schnellen kleinen Schnitten waren sie zwar frei, aber o weh, am Hosenverschluss des Herrn Pfarrer blieb ein kleiner grüner Rest hängen. Und die Dame hatte ein interessantes Loch gleich unterhalb der Taille, durch das es jetzt weiß blitzte.

Für beide war nicht daran zu denken, den Konzertgenuss fortzusetzen. Nachdem der erste Ärger verflogen und dann in Lachen übergegangen war, und nachdem man vor allem den Schaden registriert hatte, gewann die Freude am Dasein wieder Oberhand. Das Pfarrersehepaar stellte sich dem Doktorsehepaar vor, und alle vier besiegelten ihr ungewöhnliches Bekanntwerden mit einer Flasche Sekt. Nur der Kellner wunderte sich, dass es zwei der vier Persönlichkeiten, die doch gut gekleidet waren, offensichtlich so kühl war, dass sie sich des Mantels nicht entledigten.

Aufgrund des recht aparten Unfallberichtes, den der Pfarrer später seiner Versicherung schrieb, prüfte diese den Fall wohlwollend. Sie würdigte die Tücke des Objekts und kam zu der weisen Entscheidung, dass des Pfarrers Versicherung die Kosten wohl zu übernehmen habe, auch wenn Gewaltanwendung des Arztes zu konstatieren sei. Denn, so schrieb der offenbar mit Humor gesegnete Sachbearbeiter: «Was der Pfarrer zusammengefügt hatte, durfte der Arzt mit Recht schneiden!»

O weh! | 131

Das Konzert war vorbei. Die Zeitung berichtete von den Glanztaten der bekannten Sängerin. Der Bericht schloss mit den Worten des Lokalredakteurs: «Möge diese beleibte Sängerin bald wiederkommen.» Am Tag darauf entschuldigte sich die Zeitung für diesen Schreibfehler und stellte klar: «Es sollte natürlich heißen: Möge diese beliebte Sängerin bald niederkommen.» Danach gab es keine weiteren Berichtigungen mehr.

132 | Wort mit Leben darin

In der Zeit der Wüstenväter (im 4. bis 6. Jahrhundert) kam der wegen seiner Gefasstheit und Disziplin berühmte Bischof Ammonas in eine Ortschaft, wo ein anderer Mönch seine Zelle hatte. Dieser Mönch hatte ein schlechtes Image: Man sagte ihm zwielichtige und unkeusche Dinge nach. Und gerade, als der Bischof auf des Mönchs Behausung zusteuerte, sah er mit eigenen Augen, wie eine fremde Frau dort hineinschlüpfte. Auch die Nachbarn hatten das gesehen, und sie erzählten dem Bischof, dass dieser Mönch sie schon viele Male gereizt hatte mit seinem unmoralischen Lebensstil.

Der geistliche Bruder in der Hütte unterdessen hatte die Gefahr bemerkt, die sich ihm näherte, und er verbarg die Frau unter einem großen Waschzuber. Der eintretende Bischof überblickte kurz die karge Szene im Raum, setzte sich dann auf den Zuber und winkte die aufgebrachte Menge herein. Sie durchsuchten jeden Winkel nach der fremden Person, und als sie nichts fanden, gingen sie wieder hinaus.

Bischof Ammonas aber, als er wieder alleine war mit dem Mönch, fasste dessen Hand und sagte nur zu ihm: «Gib acht auf dich, Bruder!» Dann segnete er ihn mit dem Kreuzeszeichen und ging fort.

Diese winzige Erzählung vom Rande der Welt handelt nicht von Verharmlosung der Sünde. Auch nicht von einem Bischof, der sein Amt lässig ausübt und Fünfe grade sein lässt. Sondern sie erzählt von der geistlichen Aufgabe, für den Bruder im Glauben, zur Zeit, in der dieser es braucht, ein Wort zu haben. Gerade weil Ammonas selbst bekannt war als einer, der sein Leben beneidenswert im Griff hatte, gerade darum trägt seine kleine Hand-Reichung, sein kurzer Satz von fünf Wörtern und sein kleines Kreuzeszeichen die Majestät des Evangeliums an sich.

Richterliches Handeln ist ersetzt durch brüderliche Zuwendung. Diese aber, wenn sie innerlich klar und reif ist, kann einen Menschen – nach einem Wort des Wüstenvaters Antonius – «heilen und retten».

Das «Bruderwort» (Hermann Dörries), welches sich dem anderen nicht verweigert, hat öffnende Kraft. Es hat das Aroma des Erbarmens in sich, und in ihm zittert das Erinnern nach an eigene Verlorenheiten. Das Bruderwort ist kein glattes Wort, schon gar nicht ein leichtes, und wem die Wörter nur so zufließen, der hat das Bruderwort noch lange nicht.

«Schwere Wagen fahren langsam», hat Matthias Claudius gesagt. Das meint das bedächtige Wort ebenso wie das unangenehme.

Luther hat den Zuspruch von Staupitz dazu gezählt, der ihm 1518 zur Zeit des Verhörs durch Cajetan sagte: «Sei eingedenk, Bruder, dass du dies im Namen unseres Herrn Jesus Christus angefangen hast.» Dies ließ dem Geängsteten keinen Raum zur Flucht. Und in der Stunde der Versuchung hat Staupitz ihn ebenfalls nicht durch Mitleid geschwächt, sondern hat ihm gesagt: «Du weißt nicht, Martin, wie nützlich und nötig dir diese Versuchung ist; Gott übt dich nicht grundlos, und du wirst schon noch sehen, dass er dich zu Großem gebrauchen wird.»

Diese Schule hat ihn selber geformt, und so hatte Luther auch ein Bruderwort für Spaladin, als dieser sich grämte wegen eines Ratschlages, den er gegeben hatte und der sich als ungut erwies. – Was sagt man dem Geknickten?

Luther schrieb: «Du magst schuldig sein und gesündigt haben, aber eine viel schwerere Sünde wäre es, wenn du dich durch Trauer umbrächtest. Du bist ein zu zarter Sünder. Stell dich zu uns wahren, großen Sündern, damit du uns Christus nicht verkleinerst, der ein Heiland nicht der eingebildeten und geringen, sondern der wahren und größten, ja aller Sünder ist.»

Nafets | 133

In der Kirchengemeinde hat ein neuer Zivi angefangen. Eine seiner Aufgaben: Dienstags, wenn der Frauenkreis tagt, muss er die alte Ölheizung im Keller anwerfen, damit der Gemeindesaal warm wird. Am ersten Dienstag machen wir's gemeinsam.

Am zweiten Dienstag hat er es vergessen. Die Frauen sind grantig und tagen in Mänteln.

Am dritten Dienstag ruft die Leiterin des Frauenkreises im Pfarramt an: «Der Zivi soll nicht vergessen, die Heizung anzustellen.» Ich vergaß es ihm zu sagen. So hat er es auch vergessen. Darauf braut sich im Frauenkreis ein Gewitter zusammen: «Diieser Zivi …»

Der Sympathielack ist bereits ab. Unter der Woche sprechen der Zivi und ich immer wieder vom Frauenkreis, um für dienstags fit zu werden. Aber als der Dienstagabend gekommen war ... Nein, der Zivi hatte es nicht erneut vergessen. Es war ihm nur zu spät eingefallen.

Die fünf Minuten vor Beginn der Veranstaltung machten den Raum nur mäßig warm. Immerhin konnte er der empörten Verantwortlichen versichern: «Ich habe doch die Heizung eingeschaltet!» Er zeigte ihr im Keller sogar die funktionierende Anlage mit dem roten Lämpchen: «Betriebsbereit!» –

Aber als er dem Zugriff der Frauen entkommen war, stellte er sich vor der Haustüre des Gemeindehauses auf, wartete, bis die Tür gnädig ins Schloss gefallen war, und brüllte seine Not aus vollem Hals in den nächtlichen Januarhimmel:

«Sch... Frauenkreis.»

Doch auch dieser Ruf hat seinem Verhältnis zu den Frauen nicht wesentlich weitergeholfen ...

134 | «Schön»

Ich lag im Krankenhaus. Noch benommen von einer heftigen OP. Da rief mich ein Kollege an. Er war ein sozialer Mensch, mit Herz für den Einzelnen. Das Zuhören war ihm immer besonders wichtig gewesen. Und er hatte andere oft ermahnt, es mit dem Zuhören ernster zu nehmen. «Man muss gut hinhören», vertrat er oft, «damit Menschen sich öffnen können.»

Ich lag also im Klinikbett, und er rief an.

Er fragte: «Haben Sie die schwere OP gut überstanden?»

Ich: «Ja, soweit schon. Ich habe allerdings noch starke Schmerzen.»

Er: «Schön.»

Raum | 135

Für Christen-Gemeinden aller Art in der Welt gibt es auch Gemeinde-Räume aller Art in der Welt. Christen finden sich weltweit in allen möglichen Behausungen: in Garagen, in Kellern, in Laubhütten, in Wohnzimmern, in Kinos usw. Wer das je gesehen und erlebt hat, der wird staunen, dass eine bestimmte Form von Frömmigkeit in unserem Land Kirchen gebaut hat – Kirchengebäude mit Langhaus, Chorraum und Turm. Soweit ich weiß, hat kein Land der Welt so viele Kirchengebäude wie Deutschland. Angesichts steigender Unterhaltskosten und sinkender Finanzmittel werden aber manche davon nun zum Problem. «Unwirtschaftlich» zu sein, ist in einer materiell ausgerichteten Gesellschaft schon fast ein Todesurteil. Die Frage wird gestellt: Wozu braucht man noch eine Kirche?

Ich möchte ein paar Sätze lang anders fragen: Warum verlieren wir mehr als ein paar Immobilien, wenn wir unsere Kirchen aufgeben?

- In der Geschichte unseres Landes ist ein Ahnen tiefer verankert als uns bewusst ist: Das ist ein «Haus Gottes». Ganz unabhängig vom jeweiligen Verwalter des Gebäudes (Mesner, Pfarrer), ist seit vielen Generationen ein Wissen in uns: Dieses Haus hat mit Gott zu tun. Darum wehren sich gegen deren Schließung sehr oft auch Menschen, die selbst schon seit langem keinen Gottesdienst mehr besuchen.

- Dieses Haus, die Kirche, beherbergt Themen, die unsere Gesellschaft weitgehend aufgegeben hat, von denen wir aber nicht lassen können, weil unser Leben ein Recht darauf hat: Wo komme ich her, und wo gehe ich hin? Was wird mit der Schuld? Worauf ist mein Leben angelegt? Was ist mit Gott, mit Leid, mit Gerechtigkeit, mit Lebensgrenzen? Haben wir eine Bestimmung? Was ist mit unserer Sehnsucht, die nach Heinrich Böll «ein Gottesbeweis» ist?

- Eine Kirche spricht von Jesus, dem Weg zu Gott.
- Glaube, der leben will, braucht eine Form, in der er sich von innen nach außen gibt (F. Steffensky). Seele äußert sich auch leiblich, sie ist nicht nur innerlich. So sind die großen Lieder, Gesten und Bekenntnisse der Christenheit entstanden. Und nachdem sie geworden sind, halten sie den Glauben wiederum: von außen nach innen.
- Viele Kirchen sind aus Glauben entstanden. Ich denke an das kleine Kirchlein von Monstein, einem Bergdorf bei Davos. Um es bauen zu können, haben die Bergbauern zwei ganze Sommer lang das lebenswichtige Gras von ihren Steilhängen geopfert; ein hoher Preis. Aber sie brauchten diesen Raum für Gott. Und nun, da sie geworden sind, diese Kirchenräume, geben sie den Glaubenden von ihrem Wesen zurück. Der Raum wirkt sich aus. Was einmal aus Ehrfurcht vor Gott entstanden ist, gibt selbst einem säkularisierten Menschen von heute ein, leise zu sprechen, langsam zu machen, den Hut abzunehmen, zu schauen, zu sitzen, zu hören, wenn er eine alte Kirche betritt.
- In einer deutschen Stadt wurde eine Privatklinik für geistig Behinderte aufgegeben. Sie sollte abgebrochen werden. Ein paar Tage, bevor die Abrissbirne und die Presslufthämmer anrückten, überließ man

das Gebäude einem Künstler. Er besprühte die Innenwände mit einer Silikonmasse, wie man sie für Formabgüsse verwendet. «Diese Wände», sagte er, «haben Unsägliches gesehen und gehört: Schreie der Not und der Befreiung, das Lallen und Stammeln verworrenen Bewusstseins, furchtbare Alpträume und Jauchzer unartikulierten Glücks. Das kann nicht spurlos verhallen», meinte er, «davon müssen Abdrücke zurückbleiben, Narben, Risse, Abschürfungen im Putz der Wände.» – Was hat sich dann erst in einer alten Kirche gesammelt an Eindrücken?

■ Ich stehe fast täglich in einem 800 Jahre alten Kirchenraum. Welche Schicksale sind hier anwesend gewesen – bei Hochzeiten, bei Taufen, hinter einem Sarg her, zum Erntedank, zur heißen Bitte um Schonung im Krieg oder vor Krankheit! Und wie lange muss die Reihe derer sein, die hier durch den Mittelgang nach vorne gekommen sind zum Altar, die die Hände ausgestreckt haben, um Brot und Wein zu erfassen, um das alte, immer gleiche, eben in diesem Raum gewährleistete Wort zu hören: «Im Namen Jesu Christi, dir sind deine Sünden vergeben»? So etwas gibt Abdrücke in einem Raum, glaube ich – und wirkt zurück, indem der Raum zu uns redet und eine Geschichte bezeugt. Und weil er das tut, können wir auch schweigen in einer Kirche. Wir müssen ihn nicht mit Worten füllen, so sehr er selber auch überaus empfänglich ist für ein Wort: ein Wort von Gott.

Was gibt mir eine Kirche noch? | 136

- In einem Kirchenraum ergibt sich meines Erachtens leichter als anderswo ein Beten. Ich behaupte ja nicht, dass Beten nur hier möglich ist, aber wird es nicht in diesem Raum begünstigt, ja fast angeschoben? Ich kenne nicht viele andere Räume, die dies so gut können wie eine Kirche: die stille Einladung zum Gebet spüren lassen. – Vielleicht bewahren solche alten Mauern eine Widmung aus Generationen, die vor uns schon gebetet haben.
- Eine Kirche vermittelt stärker als fast alle anderen Räume: Ich bin mir nicht das letzte Wort – es gibt ein höheres. Mein Leben verlangt nicht nur die Wiederholung dessen, was ich in mir habe und kenne – ich brauche auch das andere, das von außen Kommende, Fremde, Höhere. Es gibt mehr als Machen; es gibt auch Aufnehmen, Warten, Vorläufigkeit, Schweigen.

Das Leben ist größer … und nicht einfangbar in Rezepte und Kategorien. Es gibt auch Unsagbares, nur im Vertrauen Erfassbares, Geheimnis.

- Und noch einmal: Wie kein anderes Gebäude verbindet mich eine Kirche mit den Generationen, von denen ich den Glauben gesagt bekommen habe. Mit den Frauen und Männern, die das Evangelium weitergelesen haben, bis es zu mir gekommen ist. Mit den Anbetenden und Singenden aus strom- und motorlosen Zeiten, in welchen die Informationen weniger waren und das Lebenswissen größer gewesen ist. Es ist doch seltsam: Und immer noch singt man dort, in der Kirche, Lieder jener Menschen, die ein viel schwereres Leben gehabt haben als wir heute – und doch Geborgene geblieben sind.

137 | Verpeilt

Mama hat viel um die Ohren. Zu allem anderen ist heute auch noch ein Arzttermin. Sie fährt zum Orthopäden und lässt sich untersuchen. Der Vormittag ist weg. Beim Mittagessen hält sie auf einmal entsetzt inne: «Ich glaube, jetzt habe ich was verwechselt. Ich hatte heute mit dem Hund einen Termin beim Tierarzt. Stattdessen war ich selber beim Orthopäden. Na ja, wenigstens habe ich dorthin den Hund nicht mitgenommen.»

Schlüsselwort | 138

Mama hat der kleinen Friederike aufgetragen, etwas einzukaufen. Nicht viel. Ein Brot halt beim Bäcker. Rike ging erstmals allein und war von Mama vorbereitet auf folgenden Ablauf: «Wenn die Verkäuferin zu dir sagt: ‹Was darf's sein?› – dann sagst du: ‹Ein Schwarzbrot›.»

Rike, etwa fünf Jahre alt, stand im Laden. Die Kunden kamen und gingen. Niemand beachtete sie oder fragte sie gar: «Was darf's sein?» So wartete sie. So wartete sie lange. Einmal fragte die Verkäuferin: «Na, Kleines, wie geht's?» Einmal sogar: «Willst du ein Bonbon?» Aber Rike war pflichtbewusst. Sie wartete auf nichts anderes als auf das entscheidende Stichwort: «Was darf's sein?» Und als das einfach nicht kam, ging sie ohne Brot wieder heim.

139 | Rache

Weil ihn die Bundesbahn schlecht behandelt hatte mit einer Fahrkarte, beschloss einer der Söhne, zusammen mit seinem Freund ein paar Schilder am Bahnhof abzumontieren. Mit Werkzeug bewaffnet zogen sie los: Schilder ab und ins Gebüsch damit. Ein paar Schilder wollten sie auch behalten. Nach getaner Abschraub-Arbeit wurden die beiden Handwerker allerdings müde und setzten sich zum Schwätzen nieder. Gleich neben die schilderlosen Gestänge. Weil es schon Nacht war, hörte sie ein Anwohner und sah nach. Die beiden flohen panikartig und ließen in der ersten Angst die Schilder liegen.

Noch einmal schlichen sie heran, um dieses Mal dann das Handwerkszeug zu vergessen.

So und mithilfe der örtlichen Bewegungsmelder, welche ihren Fluchtweg anzeigten, kam ihnen die Polizei dann doch auf die Spur ... und nun hängen die Schilder wieder.

Sprachschatz | 140

Enkel Nathanael ist zwei Jahre alt. Mit dem flüssigen Sprechen ist das noch so eine Sache. Aber seinen täglich neu erworbenen Wortschatz setzt er durchaus beherzt ein. Zum Beispiel all das, was er aus dem neuesten Petterson-Bilderbuch weiß.

Seit kurzem ist Mama wieder schwanger. In wenigen Monaten soll Nathanael ein Geschwisterchen bekommen.

Fragt Mama ihn: «Was soll es denn werden – ein Bub oder ein Mädchen?»

Nathanel kennt beides noch nicht so richtig. Darum antwortet er mit etwas, das er aus «Petterson» kennt: «Wildschein.»

Umgang färbt ab | 141

Enkel Silas, zweieinhalb Jahre. Kurz vor dem Zubettgehen beschließt er: «Jetzt hol ich mir noch ein Bier, dann schaff ich heut nix mehr.»

Wichtiger Zusatz: Vom Opa hat er das nicht!

142 | Steckenbleiben

Steckenbleiben ist notwendige Lebenserfahrung. Die Erfahrung, dass es nicht weiter geht, weder vorwärts noch rückwärts, ist gut für Charakter und Persönlichkeit. Unter dieser grundsätzlichen Bejahung will ich auch jene Minuten sehen, die mich in der Erinnerung noch heute anrühren:

Im Urlaub war ich mit der Familie im Erlebnispark. Junges Volk, wohin man schaute, und viel Geschrei. Eine Attraktion war: Wer will, besteigt mit voller Kleidung einen hohen Turm, schlüpft an höchster Stelle und vor den Augen von tausend Zuschauern (mindestens!) in einen großen Plastiksack, setzt sich dann auf eine Wasser-Rutsche und fetzt in Serpentinen in die Tiefe. Wer will. Ich wollte nicht. Zumal auf einem Hinweisschild stand: «Der Plastiksack schützt vor dem Nasswerden.» Aha, sehr nass … Nichts für mich also.

Aber die Familie schob mich die Treppe hinauf zur Rutsche. Der Andrang war riesengroß. Ich war bei den Älteren, verhalten gesagt. Dann kam ich dran. Als ich oben war, wäre ich gerne heimgegangen, aber ermunternde Rufe aus der Tiefe hielten mich fest. Es gab kein Zurück. So bestieg auch ich einen Sack, sprang kühn in die Rutschbahn hinein – und blieb nach zwei Metern wie angeklebt sitzen. Mitten im Gefälle. Was war das denn? Der Sack fuhr einfach nicht weiter.

Ich schob mich an mit Händen und Füßen, oben wollten ja die nächsten Kids nachkommen! Und ich saß da wie angeschraubt. Von oben sah ich wieder das Hinweisschild: «Der Plastiksack schützt vor dem Nasswerden.» Aber das war gelogen. Denn das nachfließende Wasser hatte sich entschlossen, meinen Sack von innen zu füllen. Ich war sowas von nass! Und weil es mit dem besten Willen nicht mehr nach unten ging, musste ich mich elend und jämmerlich wieder nach oben schieben. Rückwärts. Mit vollem Sack. In dieser Phase hatte ich die Liebe des gesamten Erlebnisparks hinter mir. Unglaublich viele gute Ratschläge kamen aus der Tiefe. Und als ich es endlich, endlich geschafft hatte, wieder oben zu sein, da hatte wohl jeder Verständnis, dass ich den Plastiksack verächtlich in die Tiefe warf. Richtung Hinweisschild.

143 | Weihnachten

Wir singen im Gottesdienst: «In Excelsis Deo».

Heiner fragt: «Was singet die da dauernd? ‹In dem Gsells isch Deo›?»

(Gsells/Gsälz = schwäbisch und meint «Marmelade»)

Vor der Bescherung sagt Heiner, er habe heute noch ein Gedicht gelernt, ob er es aufsagen dürfe. Der Familienrat stimmt erfreut zu. Heiner steht auf und rezitiert:

Weihnachten bei armen Leuten

Alle Kinder schauen stumm
auf dem leeren Tisch herum.
Da lässt der Vater einen krachen,
und alle Kinder müssen lachen.
So kann man auch mit kleinen Sachen
Kindern eine Freude machen.

Bescherung | 144

An Heiligabend übergibt jedes Familienmitglied seinen Angehörigen seine Geschenke.

Simeon zu Papa: «Bei dir isch mir leider nix eigfalla.»

Hanns zu Simeon, als er sein Geschenk erhält: «Oh, danke! Da hast du dir aber echt Mühe gemacht! Vielen Dank!»

Sime grinst und schweigt.

Nach einer Minute sagt Hanns: «Das ist doch das, was ich dir letztes Jahr zu Weihnachten geschenkt habe!»

Kirchenjahrskenntnisse | 145

Das so genannte Kirchenjahr ist eine besondere Weise der Zeitgliederung. Es beherbergt die großen Inhalte der Geschichte Gottes mit den Menschen. Jeder Sonntag hat ein eigenes Thema, dem auch die Predigttexte in den Kirchen zugeordnet sind. Und das Kirchenjahr teilt das Jahr in Zonen, die der Einstimmung dienen: die Adventszeit, die Passionszeit u. a.

Aber die allgemeine Kenntnis vom Kirchenjahr ist in

unserer Bevölkerung in der Regel auf den Wissenstand über Kaulquappen und Blindfische zurückgegangen.

Das ist mitunter auch bei Pfarrerskindern so. Als am Sonntag Sexagesimä (Anfang Februar) die Freundin des Hauses zu Besuch ist, Gesine, und als der Pfarrerssohn um die Lesung der Tageslosung gebeten wird, dann hört sich das so an:

«Also, heute ist der Sonntag Sexygesine …»

146 | Bibelkenntnis

Man kann nicht alles wissen. Hauptsache, man weiß, wen oder wo man fragen kann, wenn es darauf an-kommt.

Ein Mann aus der Gemeinde ist mit einem Problem beschäftigt. Beim Verlassen des Gottesdienstes fragt er beim Handschlag: «Herr Pfarrer, wenn Sie gerade so vor mir stehen: Wo steht noch mal das Gleichnis von der blutrünstigen Frau?» (Vgl. Mk 5,21–34).

Ähnlich ein Konfirmand: Auf die Frage, wo in der Bi-bel etwas steht von Hungersnöten und Gottes Bewah-rung, antwortet er: «Im Gleichnis von den sieben fetten und mageren Jungfrauen.»

Der Tonfall | 147

Man kann manche Empfindungen durch Tonfall unter-
streichen. Mitleid, zum Beispiel. Wenn man am Telefon
von einem Unglück hört, wirkt es viel anteilnehmender,
wenn man seiner Betroffenheit ein wenig Melodie mit-
gibt: «Ach, nein!» – in einer Quart (vier Töne) von oben
nach unten gesprochen.

Oder ein Überraschungsruf wie «Waaas?»: Den kann
man fast eine Oktav (acht Töne) von unten nach oben
ziehen. Ganz extreme Gefühlsausdrücke, solche des Horrors und des puren Entsetzens, etwa bei einem Welt-
untergang, gehen sogar zuerst nach oben – eine Quint
etwa (fünf Töne) –, um dann brutal nach unten abzu-
stürzen – eine Oktav oder mehr. Das ist etwas ganz Besonderes. Das ist die sogenannte Katastrophen-Tonart.
Sie ist unter anderem Bestandteil der Lehrlingsausbil-
dung bei Automechanikern. Der Lehrling muss lernen,
sie beim Öffnen einer Motorhaube selbstständig anzu-
stimmen.

Einmal kam ein Computer-Fachmann zu uns nach
Hause. Er war gerufen worden, um unseren Familien-PC
zu reparieren. Was er nicht ahnte: Vor ihm hatten sich
schon die Naturtalente aus unserer Familie um Heilung

des Gerätes bemüht. Der Techniker schraubte die Abdeckung auf, und dann ging alles blitzschnell. Was er dort sah, ließ ihn zurücksinken, um Luft ringen, und dann kam der Ausruf in Katastrophen-Tonart: «Um Gottes willen!»

Er war wahrscheinlich ein frommer Mensch und früher Automechaniker.

148 | Der Handel

Heiner hat das neueste Notebook bei ALDI entdeckt. Darauf erging quer durch die Wohnung folgender Wortwechsel:

Heiner: «Mama, kannst du mir 990 Euro leihen?»

Mama: «Für was denn?!»

Heiner: «Fürs Notebook von ALDI.»

Mama (wie immer voll informiert):

«Das kostet doch 999 Euro.»

Heiner: «9 Euro hab ich selber.»

Spätes Geständnis | 149

Simeon fragt so nebenbei beim Mittagessen: «Mama, könnet sich Tiere eigentlich auch den Schwanz brechen?» Der Familienrat ist uneins und «verschwätzt» (zerredet) das Thema.

In den Wochen und Monaten darauf fällt uns nur auf, dass der Schwanz unseres Alt-Hundes Lumpi im Ausläuferteil einen bisher nie beobachteten Seiten-Drall hat. War das schon immer so? Keiner weiß es.

Drei Jahre später rückt Sime raus mit der Sprache: Er hat damals Inliner-Fahren im Hausflur geübt. Der Hund lag quer im Flur. Sime wollte drüber springen ... und eine Landung geriet zu kurz. Seit diesem Tag beschäftigte ihn eine bestimmte Frage – siehe oben.

Angekommen | 150

Nach dem Wechsel von Bad Liebenzell nach Betberg hat Sime Eingewöhnungsschwierigkeiten. Kaum Gleichaltrige, die alten Freunde fehlen ...

Eines Tages kommt er heim – schlammbedeckt. Was ist passiert?

Er schildert im Tonfall eines Unternehmers, der gerade eben einen großen Geschäftsgewinn gemacht hat: «I bin beim Nochbar mit dem Fahrrad en d'Sickergrub nontergfahre, dort onda uff en Dreckbolla druff ond no hot's me nei'bätscht».

Stimme und Körpersprache sagen dabei: Das war ein Klasse-Tag.

Väterlicher Eindruck: Er hat sich eingewöhnt.

151 | Sime

Der Wechsel der Schule war vollzogen. Simeon, zwölf Jahre alt, versucht sich am neuen Ort einzugewöhnen. Nach einigen Wochen frage ich ihn am Küchentisch:

«Wie gohts in dr Schul?»

Antwort: «ξ Ξ ° Ψ § •*∧»

«Ja, hosch Schwierigkeita?»

Antwort: «ξ Ξ ° Ψ § •*∧»

«Hosch ao scho Strofarbeita kriagt?»

Antwort: «ξ Ξ ° Ψ § •*∧»

«Wie viel?»

Antwort: «Abg'rondet 20.»

Eisbrecher | 152

In einem Gottesdienst sind manchmal Eisbrecher wichtig: eine etwas andere Art, einander zu begrüßen, ein Gag usw.

Diesmal haben wir uns ausgedacht, einzelne Gottesdienstbesucher beim Hereinkommen in die Kirche zu fotografieren und gerade diese Leute ein paar Minuten später über den Beamer auf der Leinwand zu zeigen und sie besonders zu erwähnen: «Und wir begrüßen herzlich Herrn Sowieso, der sich heute Abend auch frei gemacht hat, um bei uns zu sein ...»

Weil alle anderen mit der Technik, der Band, dem Anspiel usw. beschäftigt sind, übernimmt Heiner die Aktion «Fotografieren». Er hat wie meist eine besondere Idee. Die Leute einfach so zu knipsen, etwa von der Empore herunter oder per Zoom, das ist ihm zu simpel. Er legt sich unter die hinterste Kirchenbank und verrichtet von dort aus sein Werk. –

Zehn Minuten später beginnt der Gottesdienst. Hanns, der ältere Bruder, hat die Moderation übernommen. Er ist gleichzeitig Vorsänger der Musikgruppe und hat deshalb die Gitarre schon umgehängt. Die Begrüßung beginnt. Hanns grüßt die «Promis», die auf der

Leinwand erscheinen: «Wir grüßen herzlich auch Herrn Sowieso ... usw.» – siehe oben. Schon einige Bilder hat er gut gelaunt präsentiert. Da plötzlich, während gerade ein neues Foto aufzieht, reißt ihm eine Gitarrensaite. «Wir begrüßen auch sehr herzlich ...», hört man noch, dann verschwindet er mit einem gemurmelten «Moment bitte» auf der anderen Altarseite und beginnt fieberhaft seine Gitarre zu reparieren.

Das letztgenannte Bild bleibt inzwischen stehen – ohne Moderation kein Bildwechsel. Auf der Leinwand aber steht jetzt ein fulminantes Foto: Die Gottesdienst-besucher sehen einen riesigen Busen, über welchem, ganz klein nur noch, die Nasenspitze seiner Besitzerin herausschaut. «Wir begrüßen herzlich ...» – und dann bleibt der Busen im Bild, eine lange, gitarrensaiten-wechselnde Ewigkeit lang, während sich im Kirchen-raum eine durchaus helle und behagliche Heiterkeit einstellt. Der Eisbrecher war wieder einmal voll ge-glückt.

Wie das Bild entstand? Es war die Perspektive der Digi-talkamera von unter der Kirchenbank her. Heiner hatte rechtzeitig den Auslöser gedrückt, aber die kleine Zeit-verzögerung der Digicam hatte mitgespielt und neue, verzerrte Perspektiven ergeben.

Das schale Geschenk | 153

Es ist wieder Weihnachten. Der monatelange Widerstand gegen alle weihnachtlichen Schenkzwänge schmilzt in den letzten Stunden vor der Bescherung dahin wie Butter auf der heißen Herdplatte.

Da machte sich auf auch Sime (Simeon), darum dass er der Bruder seiner Geschwister war. Mit entschlossener Hand und knappem Taschengeld hat er seiner Schwester einen Schal gekauft, nach seinem Geschmack. Betonung auf «seinem».

Mama, die den Kauf begutachtet, sagt nur: «Potthässlich. Den zieht die Doro niemals an!»

Aber jetzt gibt's kein Zurück mehr: Gekauft ist gekauft, und für noch anderes reicht das Taschengeld nicht. –

Die Bescherung kommt. Doro empfängt staunend das große, gewurstelte Packpapier.

«Das ist für dich», sagt Sime, nicht ohne dass seine Stimme eine kleine Unsicherheit erkennen lässt.

Doro ist ganz überrascht über dieses vom Umfang her «richtig ordentliche» Geschenk. Sie bewundert extra die rustikale Verpackung: «Und du hast es sogar noch selber eingepackt», sagt sie anerkennend.

«Ja», sagt Sime, «damit man's nicht so sieht.»

154 | Ein gewichtiges Wort

Benni steht am Fenster und schaut hinaus in die Natur, die Hände in die Hosentaschen gestopft. Er denkt nach.
Tief.
Plötzlich sagt er: «Ach, nein!»
Sein Bruder Sime schaut hoch von seiner Lektüre und fragt: «Isch was passiert?»
«Nöö.»
«Warum sagsch dann ‹Ach, nein›?»
«Mir isch grad nix anders eigfalle.»

155 | Nichts bleibt so wie Liebe

Das zählt ebenfalls zu den seltsamen und mir eindrücklichen Erfahrungen: Nichts bleibt im Gedächtnis der Menschen so stark bewahrt wie die Erinnerung, was einer für ein Mensch gewesen ist. Nicht, was einer geleistet hat, bleibt wichtig. Nicht, was er errungen, aufgebaut oder durchgesetzt hat – sondern ob er gut war zu den Menschen.

Ich habe in den Jahren Abschiedsfeiern verschiedenster Art miterlebt. Pompöse, aufgeblasene, kostspielige, inszenierte und jede Menge solcher, die durchsetzt waren mit schwülstigen und unehrlichen Worten. Auch manche christliche Verabschiedungen waren so. Etliche waren, wenn man die Hintergründe wusste, die reinsten Orgien der Unwahrhaftigkeit.

Ein paar Abschiede aber waren anders. Die Personen dabei waren keine Machtmenschen. Es waren Mitarbeiter, deren Schwächen jeder gekannt hat und die selbst darüber lachen konnten. Es waren Leute, die verzeihen konnten. Denen der Friede untereinander ein geistliches Anliegen war, nicht bloß ein Harmoniebedürfnis. Es waren Mitarbeiter, die schon mal schuldig geworden waren und die auch dazu standen. Leute, die ehrlich waren, Menschen, denen das Theaterspielen, das Starksein und das Bluffen vergangen war. Es waren allesamt Leute, die mit Gnade etwas anzufangen wussten. Um solche Leute war irgendwie – Liebe. Und das hat sich auch bei ihrem Abschied gezeigt: Sie bekamen dankbare Liebe zurück. Und das hat auch ihre Feier so unglaublich schön gemacht.

Meine neueste
«Brösel»-Sammlung

Vorwort zu den neuesten «Bröseln»

Die ersten Brösel habe ich gesammelt, als ich etwa vierzig Jahre alt war, die nächsten ca. fünfzehn Jahre später. Nun füge ich etwas mit siebzig Jahren hinzu. Wer es liest, wird wohl empfinden: Ich bin ernster geworden. Das Nachdenkliche hat die Oberhand gewonnen gegenüber dem Humorigen. Das hat ohne Frage mit den Lebensstationen zu tun. Den beruflichen. Den familiären. Den gesundheitlichen auch. Manches ungestüm Zuversichtliche der 70er und 80er Jahre ist dem Langsameren und Besonneneren gewichen. Und ich bin dankbar dafür. Die Aufgaben und Belastungen sind im Laufe der Jahre immer größer geworden. Ich bin froh, dass das, was das Leben von mir auf der letzten beruflichen Strecke verlangt hat, als junger Mensch noch nicht da war. Ich hätte vielleicht ein ganz anderes Berufsbild bekommen. Vielleicht wäre ich verzagt geworden. Aber so, wie es geworden ist, war es dann doch gut. Gott war gut. Er war immer gut zu mir. – Bitteschön, das muss man erst einmal wahrhaftig so sagen können!

Hanspeter Wolfsberger, im August 2019

Als er hinaufschaute ... | 156

Es war ein trüber und kühler Tag. Der kleine Tausendfüßler schlich langsam und fröstelnd über den Feldweg.
Ein Käfer kam ihm entgegen und sprach ihn an: «Hallo,
ich sehe, du hast es nicht eilig, darf ich dich etwas fragen? Ich bewundere dich schon lange. Wie schaffst du
das, mit deinen vielen Beinen klar zu kommen? Ich
habe nur sechs davon und habe solche Mühe. Immer
wieder, im dichten Unterholz zum Beispiel, verheddere
ich mich, stolpere, bleibe hängen. So was habe ich bei
dir nie gesehen. Wie machst du das?»

Der Tausendfüßler fühlt sich geschmeichelt und sagt:
«Das ist ganz einfach. Ich zeige es dir mal mit zwanzig Beinen, damit du es genau sehen kannst.» Und er begann
eine Vorführung: «Also, ich nehme zuerst die rechten
zehn Beine und mache so ... dann die linken zehn Beine
und mache so.» Aber die Demonstration gestaltete sich
mühsam und klappte wenig – bis, ja, bis auf einmal eine
Wolke aufriss und ein Sonnenstrahl herauskam und gerade auf den Weg fiel. Und da schaute der Tausendfüßler
beglückt hinauf zur wärmenden Sonne, marschierte dem
Sonnenstrahl entlang, und auf einmal ging es: rechts,
links, rechts, links mit 20, mit 100, mit allen Beinen.

Heinrich Spaemann hat einmal geschrieben: «Was wir im Auge haben, das prägt uns, da hinein werden wir verwandelt. Und wir kommen, wohin wir schauen. Wer aufschaut, nach oben; wer hinunterschaut, nach unten.» Für Abraham, Stephanus und viele andere – auch für Jesus selbst – war dieses «Aufblicken» der Einstieg in die nächste größere Erfahrung mit Gott. Sie erlebten wie alle, die dies üben: Der Himmel hat immer noch mal mehr und größere und rettendere Aussichten als alles «ebenerdige» Rechnen und Abrechnen, Zählen und Heimzahlen, als alles Grübeln und Verübeln. Wer das «Aufsehen» will und übt, dem wächst das Himmlische entgegen. Wer sich im «Unten» festsaugt, weil es vernünftig scheint und nüchtern, veräußert sich. Darum hat Samuel Hebich, der Indienmissionar, vom Missionsfeld aus an seine Heimatleitung geschrieben: «Schickt mir nur Leute, die einen geübten Blick auf den Gekreuzigten haben.» – So etwas kann man belächeln, karikieren und relativieren. Aber kaum überbieten (vgl. Kol. 3,1–4).

«Alles Elend kommt da her, dass wir nicht sehen, wie nahe er uns ist.»

– Teresa von Ávila

«Unsere Aufgabe in diesem Leben ist nichts anderes, als das Auge des Herzens heilen zu lassen, mit dem Gott gesehen wird.»

– Augustinus

Anhalten und gute Fragen zulassen | 157

Aus alten Pfadfindertagen ist mir das vertraut. Auch noch vom Autofahren vor der Navi-Zeit: Man muss zwischendurch anhalten, die eigene Position klären und danach die Weiterfahrt planen.

Manchmal ist das Anhalten unbequem, es hält auf, aber es hilft auch. Weil es hilft, gehört das Anhalten auch zum Angebot von einem «Haus der Stille». Dort kann es vorkommen in Form einer Frage, die einen längeren Spaziergang füllt, oder in Form einer persönlichen Denk- und Gebetszeit an einem stillen Ort. Die Frage kann heißen: «Was ist aus mir geworden?» – was gar nicht die berufliche, sondern eher die Seite der Persönlichkeit, des Charakters, der inneren Einstellung usw. meint. Oder die Frage kann heißen: «Was soll aus mir noch werden? Wo zieht es mich hin?» Denn es ist ja eine Sache, zu sagen, man sei festgelegt, abhängig, vielleicht zu alt für Veränderungen – aber es ist eine andere Sache, die eigene Vergänglichkeit anzuschauen, das Einmalige meines Lebens und die liegengebliebene Sehnsucht. Darum: «Wo zieht es mich hin?»

Und noch eine Frage halte ich für wert, dafür anzuhalten, dafür eine Einkehr zu suchen, vielleicht auch Gesprächspartner: «Was möchte ich der kommenden Generation sagen?» – meinen Enkeln, jungen Leuten überhaupt? Gewiss, die Gelegenheiten, wo wir Ältere das Ohr der Jungen haben, werden seltener. Umso bedauerlicher wäre es, wenn wir am Tag X gar nichts zu sagen hätten.

Darum meine ich: Nach jahrzehntelangem Leben in meist guten bis sehr guten Verhältnissen (Frieden, wirtschaftlicher Aufstieg, demokratische Verhältnisse, Wohlstand, weitgehende Gesundheit, sehr gute ärztliche Versorgung, gesicherte Rente usw.) müsste doch vielleicht eine Art Vermächtnis möglich sein, etwas, das wir als Lebenswissen erworben haben, Einsichten über wirklich wichtige Dinge im Leben, oder nicht? Woran könnte sich ein Mensch halten, damit sein Leben gelingt?

Als Pfarrer in früheren Gemeinden habe ich diese Frage immer wieder zu alten Menschen getragen: «Lieber Herr Sowieso, darf ich Sie etwas fragen? Sie haben zwei Kriege überstanden, Sie haben schwerste Zeiten ausgehalten, Sie sind 90 Jahre alt geworden, und Sie sind immer noch sehr anteilnehmend im Zeitgeschehen – was muss ein Mensch für sein Leben wissen? Worauf kommt es an, Ihrer Erfahrung nach?» – Mein Tagebuch zeigt mir heute noch, wie enttäuscht ich oft war, wenn ich ohne Antworten wieder gehen musste.

Darum halte ich für kostbar: Anhalten wollen, dem eigenen Leben gute Fragen zumuten, vor ihnen nicht weglaufen in banale Auskünfte. Das lohnt.

Die Hände in die Strömung halten | 158

Manchmal, wenn Menschen in die Nähe Gottes geraten, werden sie still und wartend. Im Auftreten, in der Ausrichtung, im Handeln – still und wartend. Micha sagt:

«Ich aber, ich will nach dem HERRN ausschauen, will warten auf den Gott meines Heils.»

– *Micha 7,7* (Elberfelder)

Ebenso Mose, als er in die Nähe des Dornbuschs kam. Ebenso derselbe, als er in die Wolke auf dem Sinai trat. Und ebenso die Jünger auf dem Tabor, als sie die Stimme hörten. Es entspricht Gott, wenn ein Mensch sich so auf ihn einlässt, in seiner Gegenwart wartet, zulassend, loslassend, sich ihm überlassend, einwilligend, ausgespannt auf ihn hin.

«Dir gilt Stille», sagt Psalm 65 (Elberfelder).

Der Knecht Abrahams soll für Isaak eine Braut suchen. Er trifft Rebekka und schaut ihr zu beim Arbeiten. Es hätte wohl vernünftige Gründe gegeben, ihr bereits jetzt den Zuschlag zu geben. Er wollte aber erkennen, ob sich in ihr die Gnade Gottes verkörpere, *«ob Gott Gnade zu seiner Reise gegeben hatte oder nicht»* (1. Mose 24,21). Er wartet darauf, das Vordergründige zu durchschauen auf das Eigentliche hin. Stehen bleiben, warten vor Gott, die Dinge durchschauen auf ihn hin.

Eine englische Ärztin war Folteropfer unter Pinochet in Chile. Zur Frage, wie man eine solch schlimme Zeit überleben könne, schrieb sie:

«Wenn man sehr große Schmerzen hat und Angst, ist es extrem schwer, zusammenhängend zu beten. Ich konnte meinen Geist nur [immer wieder] qualvoll zu Gott erheben und ihn um Kraft bitten, durchhalten zu können.»

Die Angst vor neuen Folterungen wurde bestimmend in Körper und Seele. Geschüttelt von Furcht und Zweifel konnte sie kaum still werden vor Gott. Völlig leer von frommen Gefühlen suchte sie nach Wörtern, nach Grundwörtern des Glaubens – Ja, Du, Vater, Jesus –, um sich mit ihnen, irgendwie, Gott hinzuhalten. So überlebte sie.

«Ich entdeckte, dass ich ihn, Gott, irgendwo kennengelernt hatte, als ich in den scheinbar vertanen Stunden, die ich in der Kirche, am Flussufer oder in den Bergen verbrachte, einfach bei Gott saß.»

Die empfangene Lebenskraft im Gefängnis war «*Frucht vieler Stunden, die man bei ihm verbringt*»: still, wartend, horchend, schauend.

Gewiss, wir tun im Leben, was wir können. Wir packen an. Wir planen, entscheiden, versuchen. Aber:

«Wenn man die Orientierung verloren hat», sagte einmal ein Wattführer, «wenn alles im Nebel versinkt und das Wasser steigt, dann muss man nur sehr still sein und die Hände in die Flut halten, damit man spürt, wo die Strömung ist. Denn dorthin geht's zum Land.»

Ich kann nicht beurteilen, ob dieser Rat am Meer

praktisch genug ist. Aber für mein Leben, meine ich, sei er eine Wegweisung. Still sein, auf Gott warten, sich dem «Strom des Lebens» anvertrauen, ahnend: Wir sind geführter, als wir denken, behüteter, als wir ahnen, geliebter, als es uns je in den Sinn kommt.

159 | Ein Baum kennt seine Jahreszeiten – ein Mensch auch?

Dass Leben ständige Veränderung bedeutet, kann uns ein Baum fast täglich vor Augen führen. Seine Farbe, seine Blätter, seine Reife ... Ein Baum weiß: Alles hat seine Zeit: wachsen, blühen, reifen, Frucht bringen, ruhen.

Auch bei uns Menschen gibt es Lebensabschnitte, in denen «nicht viel passiert»: Zeiten der Schmerzverarbeitung, Brachzeiten, Wartezeiten. Obwohl uns diese Lebensphasen überflüssig und nutzlos scheinen, lohnt es sich nicht, ihretwegen (innerlich) aufzugeben und abzusterben. Besser ist, sie stattdessen als fruchtbare Übergangszeiten anzusehen. – Die Frage ist: Wie geht man mit solchen Phasen konstruktiv um?

Die Naturkundigen sagen:

1. Ein Baum lehrt, dass es nicht nur Zeiten des Aufbaus gibt, sondern auch des Loslassens. Es wäre seltsam, wenn ein Baum im Spätherbst zu feilschen begänne: «Wenigstens ein paar Blätter könnten mir doch bleiben. Muss es denn alles sein, was ich hergeben muss?»

2. Die Natur lehrt, dass Brachzeiten fruchtbare Zeiten sind. Vier Monate gönnt sich ein Baum Ruhezeit, und man sieht nichts an ihm, keinen Aufbruch, keinen Fortschritt. Dabei ist die Knospe in seinen Zweigen schon im Herbst vorgebildet.

Auch unser Leben hat ein Maß und braucht eine Ordnung. Wer meint, immer auf Hochtouren laufen zu müssen, überzieht und erschöpft sich. Er ist früher verbraucht. Alles Übermaß ist vom Bösen. Alle Einseitigkeit macht krank. Extreme können depressiv machen. Die Tugend liegt im Maß, das Laster im Extrem. Es zählt zur Lebenskunst, die richtige Dosierung zu finden.

Ich kann fragen: Was würde ein «Baum» sagen zu meinem Lebensrhythmus? Ich könnte mit Gott sprechen über meine Zwänge, Gewohnheiten, Vorlieben und Einseitigkeiten. Ich könnte mich diesbezüglich auch einmal einem Menschen stellen, der mich kennt. Ich könnte ernst damit machen, mit jemandem über eine bessere Lebenseinteilung für mich nachzudenken und, hmm – mir etwas sagen zu lassen?

Wer könnte mir raten?

Wer dürfte es?

Wer könnte mir ein Vorbild werden?

Und noch grundsätzlicher: In welcher «Jahreszeit» meines Lebens befinde ich mich eigentlich? Was müsste ich dabei beachten? Was ist dabei angemessen? Was wäre vernünftig, was wäre weise? Dabei halte ich Gott mein «Es geht nicht anders» hin und bitte ihn um ein Wort dazu.

160 | Die Fragen leben

«Er aber wurde unmutig über dieses Wort und ging traurig davon ...» (Mk. 10,22). Das beschäftigt mich manchmal: Warum hat Jesus den traurigen reichen Jüngling gehen lassen? *Weil* er ihn liebte – oder *obwohl* er ihn liebte? Oder passt das gar nicht: Einen Menschen lieben und ihn dann in die falsche Richtung abtreten lassen?

Ich bin ein Mann. Ich suche im Leben Lösungen. Fragen brauchen Antworten. Wenn mir einer seine Not

schildert, dann setze ich meine innere «Handwerkermüt-
ze» auf und suche nach Hilfen für ihn. Klar, ohne Ge-
währ, aber so mache ich es. Ich spüre die Aufforderung,
geradezu den Sog, antworten zu müssen, denn erwartet
das mein Gegenüber nicht von mir?

Rainer Maria Rilke (1875–1926), der deutsche Dichter,
schrieb 1903 an den gleichaltrigen Franz Xaver Kappus:
«Ich möchte Sie, so gut ich kann, bitten, Geduld zu haben gegen alles Ungelöste in Ihrem Herzen und zu versuchen, die Fragen selbst lieb zu haben … Forschen Sie
jetzt nicht nach den Antworten, die Ihnen nicht gegeben
werden können, weil Sie sie nicht leben können. Und es
handelt sich darum, alles zu leben. Leben Sie jetzt die
Fragen. Vielleicht leben Sie sich dann allmählich, ohne
es zu merken, eines fernen Tages in die Antwort hinein.»
(Ich fand diese Sätze in Rilkes «Briefen».)

Was ist an diesem Wort? Ist das die Empfehlung, vom
Leben keine letzten Auskünfte zu erhoffen, das Relative
in allem zu sehen und zu bejahen? Ich lese es anders. Es
ist mir eher die freundliche Einladung, den Respekt nicht
zu verlieren vor der Größe und Weite des Lebens, von
dem ich so verzweifelt wenig wirklich verstehe. Es sagt
mir: Bleibe behutsam mit dir und mit anderen, zwinge
nicht, gib Raum zum Reifen, denn: Selbst Kartoffeln auf
dem Herd brauchen doch Gar-Zeit, bis sie genießbar sind.

Jesus erwähnte einmal, er beurteile einen Menschen nur danach, was er vom Vater höre (Joh. 5,30). Hatte Jesus das nötig, auf den Vater zu hören? Wusste er nicht auch so, was «im Menschen war» (vgl. Joh. 2,25)? Hatte er in langen Ewigkeiten nicht genug Erfahrungswissen gesammelt, um aus diesem Fundus zu schöpfen? Oder war es gerade diese Lebensform als Hörender, die ihn selbst so anders werden ließ, so taktvoll und achtsam gegenüber Menschen, so unbestechlich, frei und freilassend, ohne falsche Angst? Konnte Jesus deshalb diesen jungen Reichen gehen lassen, weil er spürte: Dieser muss noch Fragen leben? Und überhaupt: Das letzte Wort ist über den Jungen noch lange nicht gesprochen? Dem Vater traue ich nämlich zu: Er hat noch eins. Er kann das, der Vater.

161 | Gefährliches Haus

Eine der Stimmen aus der Wüste im 4. Jahrhundert war Synkletika, eine Frau aus Mazedonien. Ihr Beitrag für gesundes geistliches Leben waren ihre Empfehlungen für ein besonnenes und maßvolles Leben. Alle Übertreibungen waren ihr fremd. Dass ein Mensch sein Maß findet, nicht darunter bleibt, aber auch nicht darüber hinaus will, war ihr wichtig. Und wichtig war ihr auch, dass Menschen, die verantwortlich sind für andere (also zum Beispiel Lehrer und Leiter) zuerst und vor allem Acht geben auf sich selbst.

So sagt sie für Lehrer: «Für den ist es gefährlich zu lehren, der nicht durch die Erfahrung des praktischen Lebens geführt worden ist.»

Und dann vergleicht sie einen solchen Menschen mit einem Gastgeber, der Gäste in sein Haus einlädt, obwohl dieses einsturzgefährdet ist. Um damit zu sagen: Wer nicht Acht gibt auf sich selbst, auf sein eigenes Inneres, die Reifung seines Charakters, wer lax ist im Blick auf eigene Glaubwürdigkeit und Integrität, wer sich der Schule des konkreten Lebens, seiner Emotionen und tiefsten Antriebe, seines eigenen Fallens und Aufstehens nicht stellt, wer sich nicht nährt aus dem, was dem Leben dient – der gefährdet sich selbst und andere. Weil Menschen weniger durch vermittelte Inhalte als durch die Person des Vermittlers geprägt, geführt oder verführt werden. Das ist gewisslich wahr!

Paulus hat es so gesagt: «So habt nun Acht auf euch selbst und auf die ganze Herde, in der euch der Heilige Geist eingesetzt hat zu Bischöfen, zu weiden die Gemeinde Gottes, die er durch sein eigenes Blut erworben hat» (Apg. 20,28). – Eine der wirkungsvollsten Arten des Achtgebens, die ich kennen gelernt habe: Suche dir einen Menschen, der unabhängig ist von dir. Natürlich ein Mensch mit Augenmaß; ein Mensch, der das Leben kennt. Und lass dir von ihm etwas sagen. Die meisten Leiter, die ich kannte und die vorzeitig ihr Amt aufgeben mussten oder die auf ihrem Chefsessel hoffnungslos vereinsamten, waren solche, die sich nichts sagen ließen.

Lass auf dich Acht geben!

162 | Gehalten, wenn es aufs Ganze geht

In Selma Lagerlöfs Roman «Gösta Berling» steht vom Sterben des alten Bauern von Högberg. Seine Lebenskräfte sind zu Ende. Er hat das Abendmahl empfangen. Aber er kann nicht sterben. Ruhelos, wie jemand, der eine lange Reise zu machen hat, lässt er sein Bett aus der Stube in die Küche und aus der Küche wieder in die Stube bringen. Um ihn herum stehen seine Frau, seine Kinder, sein Gesinde. Und dann beginnt der Alte zu sprechen – aber auf wie seltsame Weise. Als stünde er schon vor dem Thron Gottes, als müsse er dort seine Sache erklären, als müsse er einen unsichtbaren

Schiedsrichter für sich gewinnen, so redet er drauflos, und die Umstehenden bestätigen jeweils wie ein Echo, dass er die Wahrheit spreche. «Ich bin ein fleißiger Hausvater und ein guter Arbeiter gewesen», sagt er mit röchelnder Stimme. Und alle bestätigen ihn laut. – «Ich habe meine Frau wert gehalten ... ich habe meine Kinder nicht ohne Zucht und Pflege aufwachsen lassen. Ich habe nicht getrunken. Ich habe keine Marksteine verrückt. Ich habe den Pferden nicht die Sporen gegeben, als es bergauf ging. Ich war zu den Kühen gut ... Ich habe die Schafe im Sommer nicht schwitzen lassen in ihrer Winterwolle ...»

Bei diesen Worten tritt still ein Bettler ins Zimmer, der um ein wenig Essen bitten wollte. Auch er hört, wie der Alte wieder beginnt: «Ich habe den Wald urbar gemacht. Ich habe die feuchten Wiesen ausgetrocknet. Ich habe den Pflug in geraden Furchen gezogen. Ich habe, ich habe, ich habe ...» Und seine Leute wiederholen: Er hat, er hat, er hat.

«Gott wird mir einen guten Platz im Himmel geben», sagt er jetzt. Und das Gesinde antwortet: «Unser Herrgott wird unsern Herrn gut aufnehmen.» –

Da tritt der Bettler ans Bett. Ihn hatte beim Zuhören das blanke Entsetzen gepackt. «Freund», sagte er, «Freund, Freund, hast du bedacht, wer der Herr ist, vor den du bald treten wirst? Die Welt ist sein Acker. Der Sturm ist sein Pferd. Der Himmel gehört ihm. Und du willst dich vor ihn hinstellen und sagen: ‹Ich habe gerade Furchen gezogen›? Wer bist du, Mensch?»

Hören Sie den Ton? «Mensch, oh Mensch. Wer bist du? Wer bist du, der du meinst, es wäre ein Verdienst von dir, dass du anständig bist? Dass du glaubst, es wäre ein Verdienst, glauben zu können? Was für ein Verdienst soll es sein, wenn dir Gottes Wort etwas sagt? Wenn du glauben darfst? Womit hast du verdient – verdient! –, dass Christus dir seit Kindheitstagen hinterhergelaufen ist? Womit hast du das verdient, wenn du in einem Umfeld leben und arbeiten kannst, das dich nicht zu schwerer Schuld verführt? Weißt du nicht, dass manches an deiner Moral nichts anderes ist als Mangel an Gelegenheit? Weißt du nicht, dass du dauernd von Gottes Konto buchst, und er gibt und gibt und kann nicht lassen von dir? Weißt du das denn nicht?»

Der Bettler hat den reichen Bauern damals gerettet, sagt Selma Lagerlöf. Im Sterben noch konnte er es fassen: Gott kann man nicht imponieren. Aber von Gott kann man sich umarmen lassen. Und so sei er – tief aufatmend – hinübergegangen in den Frieden Gottes.

Dass mir dies ins Herz falle und dort wurzle: Heute ist Gott Teilhaber meiner Geschichte. Alles Gute – alles

Freundliche und Schöne, alle Bewahrung und alles Gelingen – ist herzlich verpackte Güte Gottes. Und wenn er «Wetterwolken über die Erde führt», so setzt er seinen Bogen in die Wolken und gibt allen Wolken einen hellen Rand. Ein Vorzeichen. Damit ich nicht vergesse, wem jeder Ausgang gehört.

Gute Fragen stellen | 163

Vielleicht waren es die überall üblichen Interviews bei Veranstaltungen, die mir im Laufe der Zeit den Appetit verdorben haben. Wenn dort die Fragen immer gleich oder ähnlich sind.

Oder wenn man den Eindruck hat, nicht die Frage sei das Wichtige, auch nicht das Interesse am Vorzustellenden, sondern wenn der Moderator sich selber dabei präsentieren will. Da, bei solchen Gelegenheiten, ist das Bedürfnis in mir erwacht: Wenn dich doch nur mal jemand etwas richtig Gutes fragen würde. Etwas von Substanz, etwas, das es wert ist, beantwortet zu werden. Dabei macht es gar nichts, wenn einem eine gute Frage zunächst die Sprache verschlägt. Oder wenn sie eine Bedenkzeit nötig macht.

Eine Journalistin fragte mich einmal vor laufender Kamera: «Was ist Ihre Botschaft, Herr Wolfsberger?» Eigentlich nichts Besonderes – und irgendwie doch: So kurz und knapp formuliert … Und was sage ich jetzt, ohne viele Worte zu machen, ohne nach Formeln und gestanzten Formulierungen zu greifen? Vielleicht hatte die Journalistin ihre Frage gar nicht besonders tiefsinnig gemeint, aber sie berührte mit ihr meine ganze Person: Was hat das Reden über christliche Inhalte in den Jahren aus mir und mit mir gemacht? Für was stehe ich? Was sagt meine Persönlichkeit, meine Körpersprache zu solch einem Thema? Welche Botschaft verkörpere ich – womöglich im Widerspruch zu meinen Worten?

Gute Fragen also. Natürlich ist die Gewichtung «gut» subjektiv zu sehen. Das muss nicht jedermann als «gut» empfinden. Wird auch nicht. Und doch: Stellen Sie sich mal vor, Sie werden gefragt:

- Welche Saat ist in deinem Leben aufgegangen?
- Was ist aus dir geworden?
- Wo spürst du heute einen Nachholbedarf?
- Was soll aus dir noch werden?
- Wo willst du noch hin?
- Welches Anliegen Jesu hast du verstanden?
- Welches teilst du?

Mit einer guten Frage Zeit zu verbringen, ist wertvoll. Sie steht, nach Aristoteles, am Beginn eines Weges, der Leben eröffnen kann. Glücklich auch der, der zur Frage sogar noch einen Gesprächspartner findet ...

Klar | 164

«Die Täuschung durch die Worte war, im Verein mit der Täuschung durch den irreführenden Tonfall, so gekonnt, dass nur die Hirngeschädigten davon unbeeindruckt blieben.»

Oliver Sacks, ein Neurologe, schildert eine Szene aus seiner Klinik:

«Was war da los? Aus der Aphasie-Station drang, gerade als die Rede des Präsidenten übertragen wurde, lautes Gelächter, und dabei waren doch alle so gespannt darauf gewesen ... Da war er also, der alte Charmeur, der Schauspieler mit seiner routinierten Rhetorik, seiner Effekthascherei, seinen Appellen an die Emotionen – und alle Patienten wurden von Lachkrämpfen geschüttelt. Nein, nicht alle: Einige sahen verwirrt aus, andere wirkten erregt, zwei oder drei

machten einen besorgten Eindruck, aber die meisten amüsierten sich großartig. Die Worte des Präsidenten waren eindringlich wie immer, aber bei den Patienten riefen sie offenbar hauptsächlich Heiterkeit hervor. Was mochte in ihnen vorgehen? Verstanden sie ihn nicht? Oder verstanden sie ihn vielleicht nur zu gut?»
(Aus: Oliver Sacks, Der Mann, der seine Frau mit einem Hut verwechselte, rororo-Sachbuch 1280, S. 115 ff.)

Aphasie ist eine Erkrankung im linken Schläfenlappen und führt dazu, dass Patienten selbst einfache Worte nicht mehr verstehen. Der Wortsinn bleibt ihnen verschlossen. Dafür tritt eine andere Fähigkeit hervor: Aphasiker können vortrefflich lesen im Tonfall eines Menschen, in seinen Gesichtszügen, in seinen Körperbewegungen. Für jeden Gesichtsausdruck, für jede Falschheit der körperlichen Erscheinung und Haltung haben diese Menschen ein übernatürliches Gespür, was zur Folge hat: Man kann solche Menschen einfach nicht anlügen. Ihr Vermögen, unstimmige Sprachmelodien, unwahrhaftige Körperäußerungen, ungedeckte Mimik zu entziffern, ist enorm. Und als sie vor dem Fernseher saßen und den Präsidenten sahen, seine unechte «Mimik, seine schauspielerischen Übertreibungen, die aufgesetzten Gesten und vor allem den falschen Tonfall, die falsche Satzmelodie des Redners», da lachten sie.

Beim Lesen dachte ich: Wenn solche Menschen eines Tages mir zuhörten, uns Christen, uns «Zeugen Jesu Christi», uns hauptamtlichen Verkündigern und Funktionären? Wenn sie laut lachen müssten bei unseren Gebetsversammlungen, während ein Evangelist spricht oder am Sonntagmorgen in unserem Gottesdienst? Wenn wir uns persönlich bei ihrem Lachen ertappt vorkämen mit unseren steilen Bekenntnissen? Wenn uns in ihrer Anwesenheit bewusst würde, wie sehr wir uns an «ungedeckte Schecks» in unseren Aussagen gewöhnt haben, an Formulierungen, die wir uns kaum selber glauben – oder schlimmer noch: Die wir uns tatsächlich selber glauben?

Wenn es im Neuen Testament um Wahrheit und Wahrhaftigkeit geht, ist etymologisch das Nicht(s)-Verheimlichen gemeint, das unverdeckt Anschaubare. «Authentisch» sagen wir heute dazu und meinen, es sei etwas Kostbares, wenn ein Mensch nicht blenden will, nicht täuschen und nicht verschleiern, wenn jemand weder sich selbst noch anderen etwas vormachen muss, weil er sich nämlich «bejahen kann als bejaht» (Paul Tillich), als bejaht von dem, der ihn gewollt, geschaffen, geliebt und erlöst hat. Solch ein Mensch wird das gesunde Feedback anderer schätzen und suchen, er wird seine eigene «Bedürftigkeit als Schatz» ansehen (F. Steffensky) und nicht als Verlust. Und er kann dies alles umso mehr dann, wenn er sich auf Gottes Ansicht über ihn mehr einlässt als auf alle anderen Ansichten:

«In Christus sind wir Geliebte Gottes, noch ehe wir geboren werden. Und wir sind es auch noch, nachdem unser irdisches Leben zu Ende ist. Und alle Umstände, die zwischen diesen beiden Punkten geschehen, können dies nicht ändern.»

– Henri Nouwen

165 | Noch wäre Zeit ...

Als Ordensritter im 12. Jahrhundert versuchten, den Norden Deutschlands auf ihre Weise zu missionieren, geriet einer von ihnen, ein Herr von Schöningh, in Gefangenschaft. Er verschwand in der Burg eines Weichselgrafen, und niemand wusste, wo er war. Dort lag er in einem Wehrturm auf feuchtem Stroh, und das einzige Licht kam durch ein kleines Fenster ganz oben im Turm. Nach Jahren widerfuhr dem wilden Grafen bei der Jagd

ein Unfall, bei dem er gerade noch glimpflich davon-
kam. Weil er ein abergläubischer Mann war, wollte er
die Götter nicht erzürnen und gewährte einigen Menschen in seiner Burg einen persönlichen Wunsch. Dabei
fiel ihm auch der Gefangene ein. Seine Freilassung sei
ausgeschlossen, so teilte er ihm mit, aber vielleicht habe
er ja einen anderen Wunsch – ein frisches Hemd zum
Beispiel oder ein Bündel trockenes Stroh?

Der Mann aber bat um etwas ganz anderes. Er
wünschte sich, dass man ihm jeden Samstagabend eine
Leiter in den Turm stellen solle, eine Leiter, die so hoch
sei, dass sie bis zum Turmfenster hinauf reiche. Und diese
Leiter solle man ihm bis zum nächsten Morgen überlassen. Der Wunsch wurde ihm erfüllt. Ab da stieg der Or-
denschrist an jedem Sonntagmorgen sehr früh die Leiter
hinauf und wartete dort oben auf das Licht des neuen Tages. Und immer wenn die Sonne aufging, das alte Zeichen der Auferstehung Jesu, dann sang er aus dem ver-
gitterten Fenster hinaus das Glaubenslied seiner Brüder:

«Christ ist erstanden
von der Marter alle.
Des soll'n wir alle froh sein,
Christ will unser Trost sein.
Kyrieleis.»

Diesen Gesang hörten eines Tages seine Freunde, und sie konnten ihn aus dem Gefängnis befreien. –

Diese Geschichte, diese innere Haltung des Herrn von Schöningh, fällt mir immer wieder ein, wenn es darum geht, die große Nachricht von der Auferstehung auszukosten. «Österlich leben» ist der Versuch, sich dem neuen Vorzeichen zu stellen, das Gott gesetzt hat: «Gott hat den Herrn auferweckt und wird auch uns auferwecken durch seine Kraft» (1. Kor. 6,14). Wenn eine solche Aussicht zur Zuversicht werden soll, zur habhaften Lebenszuversicht, haben unsere Vorfahren gesagt, dann müsse man sie einüben. Sie wurzelt nicht mal eben so, *en passant*, so nebenbei. Sondern man müsse sie anschauen, ein-nehmen, sie fünfzig Tage lang einüben, wenigstens, und im kommenden Jahr wieder. Darum setzt das Kirchenjahr eine 50-tägige Osterzeit – von Ostern bis Pfingsten. Sie ist gedacht als eine wunderschöne Gelegenheit, der eigenen Lebensangst den Einen vorzuhalten, der dem Tod die Macht genommen hat und der darum über alle Mächte der *kyrios* ist. Wenn Eugen Biser recht hat, ist österlich zu leben ein wertvoller Beitrag für den Kontakt mit dem Atheismus. Denn der Atheismus kommt auch aus der Angst. – «Österlich leben». Vielleicht müssten wir zeugnismäßig gar nicht mehr tun als das.

Solche Augen | 166

Lehrerkonferenz: Lehrer beraten über die Zukunft von ein paar Schülern. Ob die Einzelnen dazu taugen, höhere Schulen zu besuchen oder nicht. Schulnoten liegen vor. Extratests durch die Schulaufsichtsbehörde. Dann das Lehrergespräch: Der Schüler kann nicht ..., denn er hat ein wenig unterstützungsfähiges Elternhaus. Der Schüler kann ..., denn er hat sich trotz widriger Verhältnisse zuhause bisher durchgebissen. Der Schüler kann nicht ..., denn er führt seine Hefte unordentlich und kann sich schlecht organisieren. Der Schüler kann ..., denn er begreift schulische Sachverhalte. Der Schüler kann, der Schüler kann nicht ... Der Schüler ist, der Schüler ist nicht ...

Die Beiträge der Lehrerinnen und Lehrer sind bedenkenswert, sind ehrlich, sind gut gemeint, die Argumente sind aussagekräftig, manchmal auch über die Lehrer selbst. Doch, es gilt: Wie ist Beurteilen so schwer! Einen Menschen angemessen zu beschreiben, ist das die Sache einer Momentaufnahme oder die Aufgabe einer Langzeitstudie? Heißt das Erfahrungen anschauen oder Optionen ertasten?

Was wiegen Einzelergebnisse auf dem Hintergrund

von Lebensbedingungen? Wer kennt den ganzen Menschen, sein wirkliches Potenzial, seine angstbestimmten Anteile und seine geheimen Kräfte? Was kann aus ihm noch werden, wenn …?

Wie ist Beurteilen so schwer! Wer steckt schon drin in einem anderen Menschen? Wer weiß schon wirklich Bescheid? Wer ist sicher vor seinem eigenen Knick in der Optik? «Es kann alles auch ganz anders sein», sagte Alfred Adler als Tipp für Konfliktpartner. Und Peter Rosegger lässt in seiner Schrift «Ums Vaterwort» den kleinen Bub erklären, warum der seinen Vater so gereizt hatte: «Aus Sehnsucht, das Vaterantlitz vor mir zu sehen, ihm ins Auge schauen zu können und seine zu mir sprechende Stimme zu hören. Sollte er schon nicht mit mir heiter sein, so wie es andere Leute waren, so wollte ich wenigstens sein zorniges Auge sehen, sein herbes Wort hören … Es war das Vaterauge, das Vaterwort.»

Versteckt im Widerstand – die heimliche Sehnsucht und Liebe. Wer kann das sehen?

Eines Tages berief Jesus Nathanael. Durch ein promissionales Wort, ein Wort der Verheißung. Wie Nathanael werden sollte, nein, schon ist. Philippus hat Nathanael auf Jesus hingewiesen: «Komm und sieh!» Aber dieser macht sich keine Illusionen: «Was kann aus Nazareth Gutes kommen?» Bei dieser negativen Sicht könnte die

Geschichte hier enden. Bei solchen Vorbehalten kommt Nathanael nicht mit Jesus zusammen. Aber «Jesus sah Nathanael kommen», trotz dessen Bedenken. Und sagt über ihn: «Siehe, ein rechter Israelit, an dem kein Falsch ist.» – Hoppla, so hat Nathanael wohl sich selbst nicht gesehen. Aber *coram Deo* war er so. Vor Gott steckte das in ihm. Mit Gott sollte das aus ihm werden. Es brauchte nur Augen, die das heute schon sehen können. Und einen Mund, der das sagen kann.

Eine tägliche Bitte: «Herr, gib mir solche Augen ...»

Tiefe Wurzeln | 167

Es ist noch heiß vom Vortag. Die Nacht hat kaum Abkühlung gebracht. Um vier Uhr morgens weckt uns der Jäger. Leise verlassen wir das schützende Moskito-Netz unserer kleinen «Batonga-Hut», einer nach allen Richtungen offenen Überdachung, und folgen dem fremden Mann. Er will uns an diesem Morgen in Fathergill-Island, Zimbabwe, zur Beobachtung einheimischer Tiere führen, vor allem hier lebender Elefanten. Langsam folgen wir ihm durch die Dunkelheit, versuchen seine Handzeichen zu befolgen, die uns warnen oder antreiben wollen. Und tatsächlich, die Windrichtung geschickt ausnützend, kommen wir auf wenige Meter an eine Herde von äsenden Elefanten heran. Die Spannung dieser morgendlichen Exkursion kann ich beim Nacherzählen noch heute empfinden. Diese wilden Elefanten waren aber fast nichts gegenüber dem Erleben, das danach kam.

Es war mittlerweile hell geworden, etwa sieben Uhr, als der Jäger uns fragte, ob wir willens wären, mit ihm einen kleinen Busch-Gottesdienst ganz in der Nähe zu besuchen. Kurz darauf waren wir schon da. Die «Kirche» war ein Blätterdach, am Boden saßen etwa 15 Einheimische, einfache Leute. Gesungen wird auswendig, ein bärtiger weißer Mann begleitet auf der Gitarre. Dann steht der Bärtige auf. Mit wenigen Sätzen stellt er sich vor: ein englischer Missionar, seit 15 Jahren im Land – und schwer gezeichnet. Bei den politischen Unruhen, die immer wieder durch die Region gehen, wurde das ganze Dorf, in dem der Engländer mit seiner Familie lebte, ausgelöscht. Seine Frau und seine beiden Kinder wurden mit der Axt erschlagen, während er unterwegs war. Eine alte Frau hat als Einzige überlebt und das Geschehene berichtet.

Für den Missionar begann eine Zeit voller Dunkelheit. Er erzählt, wie ihm alle Perspektiven wegbrachen. Wozu in diesem Land sein, wenn dies solch einen Preis kostet? Wozu noch weitermachen, nachdem das ganze Missionsteam getötet war? Wie kann er diesen Menschen dienen, die ihm so etwas angetan haben?

An dieser Stelle seines Berichtes kam der junge Mann zu seinem Predigttext: «Jeremia 17,8: ‹Er wird sein wie ein Baum, der am Wasser gepflanzt ist und am Bach seine Wurzeln ausstreckt und sich nicht fürchtet, wenn die Hitze kommt.›»

Das Anschauungsmaterial stand direkt hinter ihm. Ein Baum, an den er seine Gitarre gelehnt hatte. «You must have deep roots in God. – Du musst tiefe Wurzeln in Gott haben.» Diese Wahrheit deutete er. Die Wahrheit von den tragenden Wurzeln, von den unscheinbaren Gebieten des Lebens, von der Stille, vom Alleinsein, vom Hören auf Gott, vom Glauben als dem nährenden und tragenden Halt. Wie sich ein Herz wurzelgleich in den Boden der Fügungen Gottes vergraben kann. Und wie er so beschlossen hat: «Ich bleibe da. Ich gehe nicht zurück nach England. But – you must have deep roots in God.»

168 | Reden halten

Als Pfarrer habe ich viele Reden gehalten. Meist fromme.
Aber auch ein paar andere. Das Pult und das Mikrofon
waren ein guter Platz für mich. Sobald ich meine
Stimme hörte, war ich irgendwie wie daheim. Ich erlebte
tatsächlich meine Stimme als einen Freund, auf den ich
mich verlassen konnte. Gleichzeitig war sie auch Indika-
tor und Seismograf, sie zeigte mir und anderen, wo ich
gerade war und bin. Sie inspirierte mich zum Guten,
aber sie verriet mich auch in der Schwäche. Aber nie
konnte sie allein stehen, für sich arbeiten. Sie brauchte
immer einen Inhalt, für den sich alles Sagen lohnte.

Was Teilhard de Chardin über das Leben allgemein
sagte:

*«Das macht den Wert und das Glück des Lebens aus, in
etwas Größerem aufzugehen, als man selbst ist»* – das gilt
mir auch für alles öffentliche Reden. Es braucht einen Inhalt, der größer ist als das, was sich ein Mensch selber
sagen kann.

Schaue ich allerdings zurück, lese noch einmal, höre
noch einmal, was ich alles vom Stapel gelassen habe, so
sehe ich, dass ich hinter meinen eigenen Idealen zurück-
geblieben bin. Es ist eher so geworden:

1. Die besten Reden waren solche, die von den Zuhörern so verstanden wurden, wie ich sie gemeint habe. Wahrscheinlich war das aber eher selten der Fall.

2. Manchen meiner Reden spürt man heute noch an, dass ich sie selber nicht völlig durchdacht habe. Aber auf eine geheimnisvoll glückliche Weise haben die Zuhörer sie doch richtig verstanden. Ein Wunder.

3. Öfters *meinte* ich allerdings nur, dass meine Worte verständlich seien – nur teilten nur wenige von den Zuhörern diese Meinung.

4. Irritiert war ich, wenn ich schon während der Rede spürte, dass ich über der Materie nicht drüberstand – aber die Zuhörer dennoch beteuerten, mich verstanden zu haben.

5. Manchmal half es, frühzeitig zu bekennen, für das nun folgende Thema kein Fachmann zu sein. So brauchte ich anschließend nur noch den Beweis dafür anzutreten.

6. Hilfreich ist auch, wenn man denn schon nichts zu sagen hat, wenigstens undeutlich zu reden. Dann verliert auch der aufmerksame Zuhörer den Faden, sagt es aber nicht, um nicht dumm zu wirken.

7. Ein katholischer Kollege hat es so erlebt: Er war zu einer Jugendveranstaltung eingeladen. Als er vor Ort eintraf, sah er lauter ältere Menschen. Er versuchte,

spontan seine Rede umzubauen, abzuändern, frei zu reden ohne Manuskript. Er begann zu erzählen. Aber schon nach wenigen Minuten bemerkte er auf den Gesichtern der Anwesenden eine große Ratlosigkeit. Da gab er sich einen Ruck und sagte: «Liebe Anwesende, ich glaube, ich habe Ihnen bisher einen gehörigen Schmarren erzählt.» Darauf entlud sich die angestaute Verzweiflung bei den Menschen in einem fröhlichen Lachen. Und der Gottesdienst konnte fortgesetzt werden in einer lichten und gelösten liturgischen Atmosphäre, in der Beten und Empfangen leicht fiel.

8. Neulich schrieb mir ein parlamentarischer Staatssekretär, noch nie habe er eine derart einfühlsame Predigt gehört wie meine vom Vortag. Dabei war ich gar nicht da. Ich war krank. Wenn man als Redner gelobt wird für eine Rede, die man gar nicht gehalten hat, hat man rufmäßig doch schon etwas erreicht.

169 | Warum ich noch in eine Kirche gehe

Ich traue dem Raum des Heiligen. Mauern, die einmal aus Glauben errichtet wurden. Oft unter großen Mühen. Für den Bau einer kleinen Kirche in Graubünden haben die dortigen Bauern mehrere Jahre auf den Ertrag ihrer ohnehin kargen Bergwiesen verzichtet. Um einen solchen Ort bei sich zu haben: Einen Bergungsort, der dem Höheren geweiht ist. Ein Haus, das die Sehnsucht nach Gott wachhält. Ein Haus, das Glauben weiterreicht.

Immer wieder, wenn ich in meiner jetzigen Kirche in Betberg am Altar stehe, stelle ich es mir vor: Wie sie gekommen sind in Jahrhunderten, wie sie aus den Bänken traten, über den Mittelgang zum Altar tasteten, dort die Hand ausstreckten nach Brot und Wein, nach Christus. Zu allen Zeiten Menschen, die das Geheimnis des Altars verstandesmäßig kaum fassen konnten. Aber sie wollten dem Mysterium nahekommen, sie betraten es, sie spürten, dass es da ist. Größer als sie selbst. Und so ist es immer noch.

Und daneben liegt die Altar-Bibel. Aufgeschlagen. Gleichzeitig fremd und doch rechtens. Ach ja, die alte Bibel. Wirkungsgeschichtlich und in der öffentlichen Meinung als erledigt empfunden. Unter die Räuber gefallen, wie mein früherer Theologie-Professor es nannte.

Aber hier liegt sie immer noch. Unter dem Altarkreuz. Fast in jeder Kirche. Buch und Botschaft. Anrede. Aus der Mode gekommen. Aber manchmal meine ich, aus ihr flüstern zu hören: «Himmel und Erde werden vergehen, aber meine Worte werden nicht vergehen.» Im Raum des Heiligen passiert so etwas.

In den letzten Jahren ist dieser Raum der Kirche mitunter eher zur Bühne geworden. Menschen treten dort auf. Sie fragen mehr als früher nach Erscheinung, Wirkung, Äußerlichem. Ich verstehe das Anliegen, aber es hinterlässt bei mir manchmal ein Gefühl von Entzug, von Vorenthaltung. Wie «ein Stück Vertreibung von Menschen aus Lebenshäusern» (Steffensky). Das hat aber nichts mit Sprache oder neuen Liedern oder Ähnlichem zu tun. Nichts mit neuen Formen. Es ist mehr der gefühlte Verlust von Ehrfurcht, von Gottesfurcht. Wobei mir eine Bewertung anderer natürlich nicht zusteht.

Aber ich habe die Sehnsucht nicht aufgegeben, die Hoffnung: Wenn ein Mensch berührt ist vom Heiligen, in dem er zu Gast ist, verstärkt er dessen Duft. Das ist schön – und selten.

Wenn nicht, hinterlässt er nur seinen eigenen. Das ist nur selten schön.

Aber nach der Performance wird es ja wieder still in den alten Gemäuern. Dann ist es, als werden sie wieder bedürftig und offen für das «stille sanfte Sausen», das Elia in der Wüste hörte. Wenn Feuer, Sturm und Erdbeben vorbei waren.

Was da ist, wenn die Stunde kommt | 170

Kann man sich auf schwere Zeiten im Leben vorbereiten? Auf Krankheitszeiten etwa, wo ein Mensch nichts mehr von dem tun kann, was ihm vorher selbstverständlich war? Ich habe mir manches Mal vorgestellt, dass ich gute, förderliche Einstellungen gewissermaßen im Trockendock einüben kann, um sie in der Stunde der Not vorrätig und zur Hand zu haben.

Aber als die Zeiten großer Schwäche gekommen sind, Zeiten, in denen ich weder stehen noch gehen, weder lesen noch schreiben noch reden konnte, da konnte ich auf nichts Gelerntes zurückgreifen. Noch nicht mal Lieder konnte ich abrufen, die ich einst auswendig gelernt hatte für solche Zeiten.

Albrecht Goes erzählt einmal von «Serkin». Die Szene: Kriegslazarett hinter dem Ural. Viele Schwerverwundete. Eines Tages wird ein Mann mit einer Ellbogenverletzung eingeliefert.

Bald wissen alle im Raum: Er ist Musiker. Ein Pianist. Und er ist anders als andere. Seine Gedanken sind fast nur bei der Musik. Darüber hinaus ist er eher ein wenig unbedarft, fast kindlich, aber bald lieben ihn alle. Einer hängt ihm ein zerknittertes Mozartbild über sein Bett.

«Serkin» ist glücklich. Er hat übrigens einen ungarischen oder tschechischen Namen, aber weil dieser so schwer auszusprechen ist, nennen ihn die Kameraden einfach «Serkin» – nach seinem großen Lehrer, von dem er immerzu erzählt.

«Serkin» also. Seine Verletzung ist nicht so schlimm wie bei anderen Soldaten. Aber nach einigen Tagen bekommt er eine Blutvergiftung. Der Stationsarzt muss sich zur Amputation entschließen. «Was sind Sie von Beruf?» – «Pianist, Herr Stabsarzt.» Bald sprach es sich herum: «Serkin wird amputiert.» Alle sind wie elektrisiert: «Dieser nette Kerl! Was ist ein Pianist ohne Arm?»

Nach der ersten Nacht will ihn der Lazarettpfarrer, Albrecht Goes, besuchen. Was kann er ihm sagen? Dann die Überraschung: «Serkin» hat selbst bereits ein Trostwort gefunden. «Ich komponiere schon», ruft er dem Geistlichen entgegen. Albrecht Goes notierte sich: «Bei Serkin habe ich gelernt, was Vertrauen ist in die kommenden Möglichkeiten. Ihm verdanke ich die Einsicht, dass die Klaviatur des Lebens nicht nur eine Oktave umspannt, sondern mehr als eine ... Und dass eine Wahrheit – einem seidenen Fallschirm gleich – sich erst dann entfaltet, wenn der, für den sie bestimmt ist, den Sprung gewagt hat. Und manche Zukunft bleibt verhüllt, weil sie sagen will: Du sollst jetzt noch nicht tragen müssen, was dir für eine andere Stunde auferlegt wird, nämlich dann, wenn du Schultern bekommen hast, die stark genug dafür sind.»

So habe ich es auch erlebt: Die vielen Zeiten meines kleinen und wankelmütigen Glaubens waren doch nicht vergebens. In der Stunde der Not zeigt sich, es ist daraus ein Netz erwachsen, welches trägt. Und Frieden bei sich hat. Einen großen und tiefen Frieden der Geborgenheit bei einem Gott der Liebe.

Was ist mir wichtig – mit 70? | 171

Es gibt solche Sätze von Jörg Zink.

Oder von Gordon MacDonald und manch anderen.

Ich habe sie mit tiefem Respekt bedacht. Aber ich habe gesehen: Ich kann nicht einfach Fremdes übernehmen. Ich muss meine Antwort suchen. Meine ganz eigene.

Hier ist ein Versuch, mal auszudrücken, was mir in meinem 70. Lebensjahr einsichtig ist. Aber es kann sein, in einiger Zeit wird noch mal anderes wichtig:

1. Halte deinen heutigen Tag für etwas Besonderes. Er ist einer von vielen – vielleicht. Aber auch heute baust du Vertrauen oder verweigerst es.

2. Erhalte dem Wort Gottes einen Hallraum in deinem Leben. Wie auch immer. Aber je öfter, desto besser. Jesus sagt: «Die Worte, die ich zu euch geredet habe, sind Geist und sind Leben» (Joh. 6,63). Und Petrus: «Du hast Worte ewigen Lebens» (Joh. 6,68).

3. Das Leben flüstert dir scheinbare Sicherheiten zu: Wenn du deinen Besitz sicherst. Wenn du lange gesund bleibst. Wenn du ein Amt hast und Anerkennung. Aber der Tag kommt, an dem du beantworten musst: Wer bin ich, wenn ich nichts mehr bin? Das ist kein Spiel. Finde deine tiefste Identität.

4. Friede von Gott und Gott lieben – alles, was dem dient, was dafür aufmerksam und empfänglich macht, baut Leben und Zukunft.

5. Das mit dem Sterben kommt auch noch. Kann man sich wirklich darauf vorbereiten? Ich habe es etliche Male gemeint. Kognitiv. Ich habe in Zeiten, in denen es – tatsächlich – noch gar nicht aufs Ganze ging, mir eine Vorstellung gemacht. Oft mit biblischen Bildern. Und doch ist etwas Unheimliches geblieben. Aber neulich, auf der Intensivstation, habe ich erfahren: Die Jahre des Glaubens haben so etwas wie ein

Netz zwischen uns geschaffen, zwischen Christus und mir. Und das Netz ist tragend, bergend, voller Frieden. Ganz nach Psalm 139,5.

6. Hast du einen Menschen, der dich liebt – welch ein absolutes Vorrecht! Hast du keinen, kümmere dich um einen Armen. Um einen, der Liebe nötig hat. Um seinetwillen. Vielleicht wächst dir dort ein Liebender zu.

7. Versuche, einfach zu sein. Bei dem, was du brauchst. Bei allem, was du sagst. Und bei dem, was du denkst. Wenn du spürst, du wirst vom einen zum andern gezogen – beim Geld, beim Habenwollen, bei der Anerkennung, dann verschlichte dein Weitergehen. Es ist nur wenig, was du wirklich brauchst.

8. Dag Hammarskjöld sagt: «Gib der Stimme deines Inneren den Vorrang vor den vielen Stimmen des Äußeren.» – Wenn du dieser inneren Stimme entwöhnt bist, sie nicht mehr hörst – gib der Stille eine Chance. Und einem Begleiter.

9. Sage, was in dir ist. Was du selber denkst und fühlst. Auch wenn alle um dich herum Anderes denken. Sage deines! Nicht denken, sondern sagen! So wächst dir Transparenz zu und – seltsamerweise – auch Selbstbewusstsein, Stehvermögen. Dabei ist wichtig: Du musst nicht recht haben wollen oder gegen an-

dere siegen. Sag einfach nur – sehr freundlich und demütig –, was in dir ist.

10. Jürgen Werth singt auf der wunderschönen CD «Nahaufnahme» von einem alten Rabbi (man kann sich das anhören unter: https://www.youtube.com/watch?v=bsW7Zqe02z8was). So wie dieser «Alte» möchte ich werden.

172 | Was ist wirklich wichtig im Leben?

Ich weiß, an dieser Frage haben sich große Geister immer wieder probiert. Auch kleine Geister. Ein paar alte Antworten: In der griechischen Antike hat man auf die sogenannten Tugenden hingewiesen. Das Wort kommt von griech. *tychein* = taugen. Also, was tauglich macht zum Leben, das soll man suchen und beachten. Aischylos, ein griechischer Tragödiendichter (525–456 v. Chr.) bringt es in «Die Sieben gegen Theben» (467) auf den Punkt und empfiehlt als erstrebenswerte Tugenden: Gerechtigkeit, Weisheit (was das Leben gelingen lässt), Standfestigkeit (Mut), Selbstbeherrschung (Besonnenheit, Maß: Gespür für ein Gleichgewicht entwickeln, das zeigt: Jetzt ist es gut. Mehr wäre nicht mehr!).

Dem hat zweitausend Jahre später Ignatius (1491–1556) andere Punkte zur Seite gestellt. Was ist wirklich wichtig im Leben? Ignatius sagt, vorrangig zu beachten sei: ein guter Schlaf, ein möglichst gesunder Körper, genug Gebet und Stille vor Gott, die Beziehungen zu anderen Menschen und die regelmäßige Arbeit.

Chuck Noland, den es in dem Film «Cast away» (mit Tom Hanks) nach einem Flugzeugabsturz auf eine einsame felsige Pazifik-Insel verschlagen hat, erklärt das, was ihm das Überleben gesichert hat, so:

1. Man braucht jemand, der einen liebt und den man zurücklieben kann. Ein kleines Foto seiner Verlobten stand dafür.

2. Und man braucht jemand, um mit ihm zu reden. Ein weißer Volleyball, auf den er ein Strichmännchengesicht draufmalte, tat ihm diesen Dienst. Er nannte ihn Wilson. Und besprach alles mit ihm.

3. Und der Mensch braucht ein Ziel, auf das er zulebt. Das Ziel umfasste für ihn, den FedEx-Vertreter, ein ungeöffnetes Paket, ebenfalls nach dem Absturz angespült. Eines Tages wollte er es seinem rechtmäßigen Empfänger übergeben. Das war sein Ziel. Und vier Jahre später war es so weit. Er legte das kleine Päckchen vor die Tür eines ihm unbekannten Men-

schen in Arizona. Und einen kleinen Zettel dazu, auf dem stand: «Dieses Paket hat mir das Leben gerettet. Vielen Dank. Chuck Noland».

Was ist wirklich wichtig im Leben? Ich meinte zu sehen, dass es nicht gut genug ist, fremde Antworten zu übernehmen. Man muss schon sein Eigenes suchen und finden. Und das erschließt sich nicht, wenn man über diese Frage nur drüberhuscht. Nur damit spielt.

Vielleicht braucht es darum auch die schwere Stunde, die Leiderfahrung im Leben. Sie weitet die Erfahrung. Sie durchstößt die abschirmende Lebensauffassung, die sagt: Gut ist nur, wenn es mir gut geht. Aber dahinter, hinter dieser Membrane – ist auch Gott. Mit «reichen Gütern seines Hauses» (Psalm 36). Mit unfassbar Großem.

173 | Wege finden

Ich glaube mit Bonhoeffer, dass Gott aus dem Bösesten Gutes machen kann und will. Ich glaube auch, dass wir mehr unter Gottes gutem Führen stehen, als wir ahnen und denken. Und ich bejahe sehr die natürliche Folgerung daraus: Wir könnten eigentlich viel gelassener sein in unseren Jahren. Wir müssen nicht zwingend weder Menschen noch Ereignisse zum Schlechten hin hochrechnen. Davon will ich mich auch von solchen nicht abbringen lassen, die meinen, mit der Seligsprechung des Misstrauens habhaftere Erfahrungen zu machen.

Aber da ist noch die Sache mit den Entscheidungen.

Ab und zu gabelt sich ja der Lebensweg. Dann muss entschieden werden: rechts oder links. Und manchmal gibt es auch noch ein halbrechts und ein halblinks. Dann fragen wir: «Wie kann ich's?» Wie kann ich wissen, was richtig ist, wenn ich die Folgen einer Entscheidung nicht überblicken kann? Wenn etwas riskant ist, gefährlich, gewagt und in seiner Konsequenz nicht mehr revidierbar?

Natürlich sammeln wir in den Jahren Erfahrungswerte, auch Ratgeber, und natürlich gibt es *Guidelines* der Heiligen Schrift. Aber mancher ist dennoch gegen die Wand gelaufen. Hat Rat befolgt und erfuhr: Er wurde nur mitgerissen. Hat auf Mehrheiten gehört – und ist persönlich gescheitert. Hat nach Erfahrung gehandelt – und ist gegen die Glastür gelaufen wie Peter Struck, unser ehemaliger Verteidigungsminister. Das gibt es. Keiner ist davor sicher. Auch nicht, wenn er ein kleines Zusätzliches beachtet – und doch empfehle ich dieses sehr:

Lass gute Fragen zu! Zum Beispiel diese: Was ist wirklich wichtig im Leben? Welche Entscheidung ist meinem Wesen fremd? Oder noch intensiver: Welcher Weg entspricht meinem Wesen? Ich zitiere nochmals Dag Hammarskjöld: «Gib der Stimme deines Inneren den Vorrang vor den vielen Stimmen des Äußeren.» Wie bei einem Saatkorn der «Wachstumscode», der Schlüssel für eine wesensmäßige Entwicklung, innen liegt, so auch für unser Leben. Demgegenüber haben äußerliche Einflüsse nur dienende Kraft. «Lass dem Inneren den Vorrang vor dem Äußeren, wohin es dich auch führt.» Denn Gott bedient sich auch der leisen Signale, sie seien des Körpers oder der Seele, der Sehnsucht oder der Bedürftigkeit.

Solch eine Achtsamkeit geht nicht ohne tastendes Üben. Ohne Stille auch nicht. Und wohl dem, der einen geistlichen Begleiter findet, der diesen Vorgang mit der Ewigkeit zu verbinden weiß.

Denn «Harren auf Gott» liegt auch auf diesem Weg und lehrt: Lerne das Warten auf ihn und nenne das Scheitern nicht böse. Kultiviere ein wenig deine Wahrnehmung. Lerne zu horchen, nicht nur zu hören. Werde behutsam durch Gottes Anwesenheit. Und «vergleiche dich nicht mit anderen» (Abbas Besarion). So öffnen sich mitunter Wege ohne Gewalt, für Einzelne und für Gemeinschaften.

Eine persönliche Erfahrung: Ich habe nie – nie! – vorher gewusst, ob eine wichtige Entscheidung (etwa ein Stellenwechsel) sicher von Gott gewollt ist. Es war immer ein Wagnis. Aber Gott war immer gut zu mir. So etwas schafft auch Vertrauen.

Nachtrag: Das Lied

Auf Seite 278 schreibt Hanspeter Wolfsberger über das Lied «Der Alte» von Jürgen Werth – und dass er selbst so werden möchte wie dieser alte Rabbi, von dem das Lied handelt.

Wir kannten dieses Lied noch nicht und haben es uns im Verlag angehört. Und schon nach einer halben Minute hatten wir «goose bumps», Gänsehaut. Das Lied ist extrem tief, extrem bewegend.

Und da dachten wir: Nachdem Hanspeter Wolfsberger uns mit seinen «Bröseln» derart viel Freude bereitet hat, wollen wir ihm auch noch eine Freude machen und bilden – als Überraschung für ihn – den Text dieses Liedes als Schlusswort in seinem Buch ab (siehe Seite 286 und 287).

Wer Hanspeter Wolfsberger kennt, der weiß bestimmt, dass dieses Lied und dieser Text wunderbar zu ihm passen. Mögen vor allem die ersten beiden Strophen immer sein Leben erfüllen, prägen und bestimmen! Viel Segen Dir, «Bröselmann»! – Der Verlag

Der Alte

Sie kamen, sie suchten sein Ohr und sein Herz
Die gütigen Augen, ein lösendes Wort
Mit Sorgen, mit Fragen, mit Glück und mit Schmerz
Und gingen befreit und beseelt wieder fort

Er lauschte, er liebte, er lächelte mild
Und lockte das Schwerste und Tiefste ins Licht
Er ehrte das Kleine, verachtete nichts
Und saß über niemand und nichts zu Gericht

Dann wurd sein Blick trüber, er sah sie nicht mehr
Doch sie sahn: Das Lächeln der Augen starb nicht
Er lauschte, er liebte, er lächelte mild
Und lockte das Schwerste und Tiefste ins Licht

Dann starben die Ohren, er hörte nicht mehr
Doch fühlte sein Herz, was der Kopf nicht verstand
So kamen sie weiter, erzählten ihr Leben
Und atmeten auf unter seiner segnenden Hand

Dann brach seine Stimme, sein Mund wurde stumm.
Kein Rat mehr, kein Segen, kein weltweiser Satz
Doch immer noch Güte, doch immer noch Liebe
Und jede Berührung ein himmlischer Schatz

Dann lahmten die Arme, zum Segnen zu schwach
Doch weiterhin suchten und fragten sie ihn
Erzählten und lachten und weinten sich leer
Und er weinte beinah noch mehr, wie es schien

Kein Ohr mehr, kein Mund mehr, kein Blick, der versteht
Und keine Berührung so sanft wie zuvor
Er war nur noch Liebe, war nur noch sein Herz –
– und an dieses Herz legten sie nun ihr Ohr

Text und Musik: Jürgen Werth
© 2017 Gerth Medien, Asslar